ブッダが教えてくれる「幸せ」の法則

——幸福の種をまけば幸福の実が成るのです——

伊達一啓

ロング新書
Longsellers publishing

はじめに――ニーチェと仏教の不思議な関係

ドイツの有名な哲学者フリードリヒ・ニーチェ。彼を紹介した本が日本でも次々とベストセラーになり、また彼の主著とされる『ツァラトゥストラ』がテレビで取り上げられたりしましたから、ご存知の方は多いかと思います。

そのニーチェですが、キリスト教よりも仏教を絶賛しており、「仏教はキリスト教よりも一〇〇倍優れている」といいます（『アンチクリスト』）。

一〇〇倍はオーバーだとは思いますが、確かに現実的、実践的という観点から考えるならば、やはりキリスト教よりも仏教のほうが優れているといえるでしょう。

もちろん、キリスト教にも優れた点は多々あります。それについてはこの本の趣旨から外れますので、ここでは述べないことにします。

では、ニーチェはなぜキリスト教ではなく、仏教にそれほどの魅力を感じたのでしょうか。それは仏教を実践することによって、何らかのリアクションを彼が肌で感じ取ったからではないでしょうか。

また、彼の敬愛するドイツの偉大な哲学者ショーペンハウアーの思想と仏教思想とがリンクするためだと考えられます。

お釈迦様は「人生は苦である」と看破しましたが、ショーペンハウアーの悟達もまさにそこにあったのです。


ただ、ショーペンハウアーの場合は厭世観《えんせいかん》が強過ぎるきらいがありますが、仏教はそうではありません。「人生は苦である」としながらも、きちんと解決策＝希望も用意してくれています。

それだけに、仏教をひも解くことによって本物の幸福を呼び込むことができるばかりでなく、あなた自身もブッダと同じ境地に到達することができるのです。そこが仏教の素晴らしいところです。


さぁ、能書きはこれくらいにして、さっそく本文に入っていくことにしましょう。

なお、本書に登場する人物は、歴史上の人物、あるいは著名人以外は、個人情報保護の観点からすべて仮名にしてあります。どうぞご了承ください。

本書が読者諸兄の幸せ探しの羅針盤となることを願ってやみません。

伊達一啓

第2章　本当の幸せが見えてくる「真理の言葉」

繁栄への道とは

善い行いをする者には歓喜が訪れる。
この世で歓喜し、そして来世でも歓喜する。

苦悩が歓喜に変わる瞬間

貪りは人を不幸にする 87

貪ることなく質素に暮らそう。
そうすればわずらうことなく、人生を平穏に生きられる。

勝つことだけが善ではない 90

勝利からは怨みが生まれる。敗者は苦しみに倒れ、復讐に燃えるだろう。
勝利を最善と考えなければ、そこから安らぎが生まれる。

健康がなければすべてではない 93

健康は最高の利得であり、満足は最高の宝である。

自分自身を見つめる

すべてをあるがままに見よう 98

飢えは一種の病。飢えはわが身をひどく苦しめる。
しかし真実をあるがままに認めるならば、やがて安楽に変わる。

悪への誘惑はきっぱりと断ち切ろう 102
善行を行うのはとても難しいことだ。
反対に自分のためにならないこと、悪いことは簡単にできる。

自分で宣言したことは実行 106
他人に教える通りにあなたもやりなさい。
自分をコントロールすることほど難しいことはない。

途中で断念することなく、信念を貫こう 109
自分のなすべきことを捨て去ってはならない。
何があっても自分の務めに専念しなさい。

煩悩の器であることを認める

耳の痛い話ほどタメになり、心地よい話ほど人を駄目にする 112
罪や過ちを指摘してくれる友を遠ざけてはいけない。
その友は聡明だ。真摯に受け止めて生活態度を改めなさい。

ためになる友人を選ぼう 114

自分よりも優れた人とつき合いなさい。
愚かな人とつき合うくらいなら、むしろ一人のほうがましだ。

立派な種を蒔けば立派な実が生る 118

浅はかな者は自分に対しても他人に対しても仇《かたき》のように振る舞う。
愚か者がいくらよい種を蒔いても腐った実を結ぶだけだ。

快楽は麻薬のように人の心を惑わす 122

賢い人は何ごとにも執着しない。快楽にも溺れない。
またどんな苦しみ、楽しみにも動ずることがない。

欲望を全面否定してはいけない 126

心は捉えがたく、欲望のままに勝手に振る舞う。
常に心を制御して、平常心を保たなくてはならない。

怒りを克服する

老いと死を見つめる

第3章　安らかな心になれる仏教のたとえ話

第1章
仏教が教えてくれるもの

●誰があなたの体を動かしているのか

あなたは今意識していません。にもかかわらず、あなたの体の各機能は二四時間休むことなく働いています。心臓は正確に拍動し、血液をそれぞれの器官に循環させています。不思議なことにそのあなたの血液中には白血球、リンパ球が抗体を作って異常細胞の侵入を防いでくれています。

結核菌やガン細胞や各種ウイルスが近づくと、たちまち白血球が攻撃を仕掛けてそれらの異物を食べてしまいます。

食事をした場合も同様です。私たちが何もしなくても、あとは体がすべてうまく処理してくれます。胃が収縮して消化活動が行われ、分解されて腸に行き、さらにそれが腸から吸収されて血肉となり、残りの不要物は便や尿となって体外に排出されます。

こんな素晴らしい体内の働きを、いったい誰がやってくれているのでしょうか。

「誰もやってはいない。自律神経（副交感神経）がやっているのさ……」

確かに脳科学、医学的にいえばそうなるのでしょう。ではさらに質問しますが、その自律神経は誰が動かしているのでしょうか。この質問には、さしもの科学者も答えに窮するに違いありません。

科学とはひと言でいえば因果関係、相関関係の究明であり、原理、原因、法則等がわかれば、それ以上の追求はしないからです。

というよりも、そこから先は科学ではわからないのです。そこから先は実は宗教の領域であり、宗教こそがこの質問に答えることができるのです。

ズバリそれは神だと、私は考えます。神が自律神経を動かし、星をコントロールし、そして全宇宙を掌握しているのです。こうした理屈を超えた宇宙の働き（性質、システム）を科学者は自然法則と呼び、宗教家は神、仏、と呼んでいるのです。

●仏教は宇宙の法則であり、絶対性をもっている

仏教には因果応報＝因果律という概念があります。

簡単にいえば「善因善果・悪因悪果」――善いことをすれば好ましい結果が、悪いことをすれば好ましくない結果がやってくる、そういう教えです。

これはお釈迦様の言葉、神様の言葉、さらにいえば宇宙の法則ですから、絶対性を持っています。例外はありません。この法則からすれば善人は（といっても善人の中身が問題ですが）確実に幸せになり、悪人は間違いなく不幸になるのです。

ところがどういうわけか、世の中を見回してみるとこれと逆のケースが少なからずあります。善人でありながら不幸になる人もいれば、悪人なのになぜか幸せいっぱいの人もおります。仏説が完全に否定された形です。実際私の周囲にも、そんなケースがたくさんあります。

となれば、読者は反発してこう思うかも知れません。

「善因善果・悪因悪果なんて嘘っぱちだ」

確かに表面上だけを見ればそう感じるのも無理もありません。しかしそれはあくまでも凡夫の見立てであって、仏眼《ぶつげん》で観れば（長い目でじっくり観察すれば）、因果応報は確実に履行されているのです。

今も述べたように仏説は宇宙の法則であり、絶対性を持っているからです。

仮に、あなたがお子さんといっしょに近所の池に遊びに行ったとしましょう。池には数匹のおたまじゃくしが泳いでいました。そこであなたはお子さんにこういいます。

「これはおたまじゃくしといってね、もうすぐカエルに変身するんだよ」

それを信じたお子さんは、次の日ひとりで池に行きます。

が、おたまじゃくしは昨日のままで、何の変化もありません。

お子さんはがっかりして帰りますが、次の日もまた期待して池に行きます。でも、やっぱり同じでした。さらに次の日――同じでした。その次の日――なぜか今日もおたまじゃくしに変化はありません。

このような状態が一週間も続いたら、おそらくお子さんは内心こう思うに違いありません。

「お父さんはウソつきだ。おたまじゃくしはカエルにならない！」

いや、お父さんはウソをついたわけではありません。それから一カ月もすれば確実におたまじゃくしはお父さんのいった通りになります。

「おたまじゃくしはカエルになる」

これもひとつの宇宙法則だからです。

法則ゆえに、ひとつの例外もなくおたまじゃくしはカエルになるのです。いや、ならざるをえないのです。

ただ、お子さんがそれを確認できなかったのはいわゆる「凡夫の見立て」であって、単発的に表面の現象だけしか見なかったからです。

これと同じ理屈で、因果律も表面上はともかく、私たちには見えない部分では確実に履行されているのです。

●インスピレーションは、凡人でも求めれば受けられる

先述した通り、神（仏）とは宇宙の法則であり、大自然の摂理・真理であり、それを説いてまとめたのが仏典です。

では、その仏典を著したのは、誰なのでしょうか。むろん、仏教の開祖お釈迦様です。ではお釈迦様は神様なのでしょうか。

違います。神様ではありません。私たちと同じただの人間です。

単なる人間が、なぜ偉大な宇宙の法則を解き明かすことができたのでしょうか。

それは修行と瞑想です。お釈迦様は修行と瞑想によって、宇宙からインスピレーションを受けて悟りを啓いたのです。

そのインスピレーションはお釈迦様のような偉人、聖人にしか受けられないのでしょうか。そんなことはありません。神様は平等です。私たちのような凡人でも求めれば

同じように受けることができます。

例えば、太陽は善人だけに照り輝くということはありません。悪人にも、意地悪な人にも、嫉妬深い人にも平等に照り輝きます。また、才能のある人だけに照り輝くわけでもありません。才能、能力のない人にも平等に照り輝きます。それと同じ理屈です。

ただ、いくら平等だとはいえ、陽光を避けて家に閉じこもってしまう人、あるいは窓のカーテンを閉めて陽光を完全シャットアウトしてしまう人にはどうしようもないように、仏説を拒絶して神様の声を聞こうとしない者には、やはりインスピレーションを受けることはできません。

ではどのように求めればインスピレーションを受けられるのでしょうか。その方法を述べる前に、ここではまずお釈迦様がどのようにして悟りを啓かれたのか、そしてその啓かれた悟りとはどのようなものだったのかを、簡単に説明することにしましょう。

●なぜ人は老いるのか、病にかかるのか、命尽きるのか

お釈迦様は今から約二千数百年前の紀元前五〇〇年前後（諸説あり）に、インド釈迦国のゴータマ家に太子として生まれました。幼名をシッダールタといいます。

生まれた時、お釈迦様はスクッと立ち上がり、七歩前に出て「天上天下唯我独尊《てんじょうてんがゆいがどくそん》」（天の上にも、下にもわれより優れたる者なし）と宣言したといい伝えられています。

もっともこれは伝説ですから真偽のほどは定かではありませんが、おそらくお釈迦様の「のちに仏となって世を救わん」という誓願宣言だったのでしょう。


その後、太子は王様の浄飯王《じょうぼんのう》の厳しい教育のもと、文武両道に長けた立派な若者に成長していきます。

そんなある日のことです。太子がお城の東門を出て美しい花園を散策していると、向こうからひとりの老人がやってきました。太子は驚きました。老人が痩せこけてヨレヨレで、見るに堪《た》えない憐れな姿をしていたからです。そこですぐさま侍者に聞き

ます。

「この者は特別なのか……」

するど侍者は応えます。

「いいえ、特別ではありません。誰もがいずれこうなります」

数日後、今度は太子は南門から出て花園に向かいます。そこで道端に倒れて苦しむ重病人に遭遇します。

「この者は特別なのか……」

今度も侍者は同じように応えます。

「特別ではありません。いずれ誰もがこうなります」

さらにしばらくして、今度は太子は西門から散策に出かけます。するど遺体にすがりついて嘆き悲しむ人々に遭遇しました。

「この者は特別なのか」

「いいえ、特別ではありません。いずれ誰もが命尽きてこうなります」

ここで太子は想います。

「なぜ人は老いるのか……？　なぜ人は病にかかるのか……？　なぜ人は命尽きるのか……？」

最後に太子は北門から出たところで、ひとりの修行僧に出会います。この時、太子は、この修行僧に自身の未来の姿をはっきり見てとったのでした。そしてこれがきっかけとなって、太子は二九歳の時についに出家したのでした。

これが有名な「四門出遊《しもんしゅつゆう》」のあらましです。

●瞑想を中心に修行に励む

老、病、死という人間の根本的な苦悩を解決するために、以後お釈迦様は求道者《ぐどうしゃ》となって、あらゆる難行、苦行に挑んでいきます。その内容は、次に記すような凄まじいものでした。

●片足一本で朝から晩まで立ち続ける。
●ギラギラ照りつける真夏の太陽の下で、裸になって一日中瞑想する。
●蝉のように一日中木に抱きついて過ごす。
●砂の上を何時間も逆立ちして歩く。
●心臓が破裂しそうになるまで走り続ける。
●鋭角な岩の上に座って長期間断食する。
●牛の糞を食べる。等々。

修行があまりにも過激だったため、次第にお釈迦様のうわさが近隣の村々に広がっていきました。

「近頃、この付近に凄い修行僧が現れたぞ。どうだい、自分たちもあの修行僧といっしょに修行してみないか……」

こうしてお釈迦様に賛同する若者がひとり、二人と増えていき、全部で五人の若者がお釈迦様の周りに集まりました。お釈迦様を先頭に、計六名で再び凄まじい修行が始まりました。

ところがどうしたわけか、そのような生死を賭けた厳しい修行にもかかわらず、お釈迦様はいっこうに覚りを得ることができませんでした。

それどころか、修行すればするほど痩せ衰え、思考力や生命力まで失って却《かえ》って悪い事態を招いたのでした。

「果たしてこれでよいのだろうか……？」

お釈迦様は、次第にこれまでの修行法に疑問を抱くようになります。

ちょうどそんな時、お釈迦様の耳にどこからともなく美しい女性の歌声が飛び込んできました。シタール（インドのギター）を例に挙げて、「物事は極端に走るのが一番よくない、極端は何ごともうまくいかない」という内容の歌声でした。

この時、お釈迦様は中道思想を覚ったのでした。

お釈迦様の説法が「対機説法」「応病与薬」（極端に走らず人々に合わせて法を説く）と呼ばれる所以《ゆえん》です。

こうして六年の修行の後、お釈迦様は五人の仲間を集めて重大発表をします。

「極端な修行は何も意味がない。今後はこれまでのような荒行はいっさいやめて私は中道を行く……」

当然五人の仲間たちは、猛反発します。

「キミは何をいうんだ。もう少しで覚りを得られるというのに……。今やめたらこれまでの修行が無駄になってしまうじゃないか」

しかし、そうした猛反発にもめげず、お釈迦様はひとりその場を立ち去っていきました。

もちろん、だからといって、これでお釈迦様が求道をやめたわけではありません。意味のない難行苦行を捨て去ったにすぎません。

その後もお釈迦様は道を求めて、瞑想を中心に修行に励んでいきました。

そしてお釈迦様が三五歳になったある日のことです。

いつものようにお釈迦様がブッダガヤの菩提樹の下で瞑想にふけっていると、突如として東の空に閃光《ひかり》が走りました。この瞬間、お釈迦様は覚りを啓いて、ついに〝ブッダ〟

となったのでした。

ちなみに、この時お釈迦様は「縁起＝因果律」や「四諦」の法を覚ったといわれています。

以後お釈迦様は、四五年間にわたって八万四千といわれるほどの膨大な数の教えを説いていくことになります。これがいわゆる、お釈迦様の仏教であるところの原始仏教（小乗仏教＝上座部仏教）であり、その教えをまとめたものを阿含経《あごん》といいます。

●この世の現象で不変のものは一切ない——諸行無常

次に、仏教の根本的原理であるところの「三法印」について説明します。

三法印とは「諸行無常《しょぎょうむじょう》」、「諸法無我《しょほうむが》」、「涅槃寂静《ねはんじゃくじょう》」の三つの法印をいいます。

これに「一切皆苦《いっさいかいく》」を加えて四法印と呼ぶこともありますが、ここでは一切皆苦を除いた三つの法印について述べることにします。

まず「諸行無常」ですが、お釈迦様の教えの中でも特に重要な法印のひとつとされています。これは読んで字のごとく、この世の諸々の出来事、現象（森羅万象）は「常」がなく絶えず変化している、ということをいったものです。時々これを逆手にとって、

「この世ははかないのだから努力してもあまり意味がない。それよりも死んでから浄土で仏様と幸せに暮らすことを願ったほうがいい……」

などという人がいますが、的外れも甚だしいといわざるを得ません。

こうした逃げの姿勢（ネガティブ思考）は、仏説に反した考え方です。のちに紹介しますが、お釈迦様は基本的に「どんな時代にあっても、どんな境遇にあっても怠ることなく努力せよ」といっています。

さて、諸行無常を簡単に説明すると、概ね次のようになります。

――この世の現象は絶えず変化しており、常住不変のものなど一切ない。したがって現在、もしあなたが不幸な境遇にあったとしても、なんら嘆く必要はない。あなたの努力とともにやがて不幸は雲散霧消し、代りに幸せがやってくるからである。また

反対に、もしあなたが現在幸せな境遇にあったとしても、いつまでもそれが続くと思ってはならない。その幸せも、満《み》つれば欠ける月のたとえ通り、やがては消えうせるからである――。

教学《きょうがく》的にいえばもう少し突っ込んだ解説が必要ですが、難しくなるのでここではこの程度に留めておきます。

ここで誤解のないようにお断りしておきますが、諸行無常だからといって今の幸せが消え失せて必ず不幸になる、ということでは決してありません。仏説に沿って努力していくならば、それらの幸せはいつまでも（あるいは比較的長く）維持していくことができるでしょう。

ただやはり、この世はあくまでの無常なのですから、朝昇った太陽が夕方には西に沈むように、勢いのある者は衰え、形あるものは壊れ、そして生ある者は必ず滅びるのがこの世の定めであって、これはどうしようもないことなのです。

私たちはこの無常（盛者必衰《じょうしゃひっすい》）の原理をしっかりと認識して、お釈迦様がいったように怠ることなく努力して、人生を精いっぱい生き抜いていく必要があるのです。

「そんなはかない人生を精いっぱい生き抜くことになんの意味があるのか……」

中には、こう考える人がいるかも知れませんが、そうではなく、逆にはかない人生だからこそ一分一秒たりとも無駄に過ごしてはならないのです。それが仏教、なかんずくお釈迦様の教えなのです。

●すべてのものは相互に深く関わっている――諸法無我

――この世のすべてのものは見えざる部分で深い関わりを持っており、ひとつとして孤立して存在するもの（我、個）はない！

これが二番目の諸法無我の法印です。
海――空――山――大地――人間……、これらは一見なんの関連性もないように見えます。でも、一歩掘り下げて考えてみると、相互に深く関与していることがわかります。

例えば雲です。ご承知のように雲はもともと実体のあるものではありません。海や大地の水が蒸発してできたものにすぎません。その雲はやがて雨や雪となって地上に降り注いできます。これによって山の草木は生育し、酸素をつくり出します。その酸素を今度はすべての人間や動物が体内に摂りこんで生命活動を行っているのです。

人間社会にしても然りです。たとえば日本のAさんとインドのBさんとは一見なんの関わりもないように見えますが、実はそうではありません。

新聞を例にとって考えてみましょう。

新聞をつくるには紙が必要ですから、まずインドのBさんの所有する山林から木を伐採し、その木材を日本に輸入しなければなりません。その木材を製紙会社が買い取って紙にします。

次に印刷会社が新聞社の依頼を受けて紙に記事を印刷して新聞に仕上げます。その新聞を運送会社が全国の新聞販売店に運んで、そこから配達員の方がAさんの家庭に届けます。

考えてみれば彼らのほとんどは、お互い顔も名前も知らない、いわば赤の他人です。しかし新聞という媒体を通して、Bさん、材木会社、製紙会社、新聞社、運送会社、新聞販売店、配達員、Aさんというように、間接的につながっているわけです。もっと具体的にいえば、日本のAさんが新聞を読むことによって（知識を得る）、最終的にインドのBさんにも何らかの形で影響が（利益、その他）が出てくるわけです。

このように、宇宙のあらゆるものは何ひとつ孤立して存在するものはなく、すべて奥の深い部分では密接につながっているのです。

分析心理学のユングも同様に、無意識の深い領域（集合的無意識）では全人類がつながっているといいます。

にもかかわらず、世の中にはこの原理を無視して、自己の利益追求に狂奔して平気で他人を害する人がいますが、非常に愚かなことだと思います。

なぜなら、すべてのものは諸法無我でつながっているわけですから、他人を害することは間接的に自分を害することにほかならないからです。

したがってその手の輩は、一時的に繁栄したとしても、いずれ悪因悪果でのちに必ず没落することになるのです。

またこれは、人間だけに限ったことではありません。近年、いっそう激しい自然破壊が進んできていますが、その反動として地球的規模で異常気象が発生しています。

これも諸法無我の原理を無視して利益優先に狂奔したことによるしっぺ返しであり、自然界からの警告といっていいでしょう。

あの東日本大震災による原発事故の今後の影響を考えると、空恐ろしくなります。

私たち人類は謙虚になって、もう一度自然との調和を図っていく必要があるのではないでしょうか。

結局、利己主義は核爆弾のようなもので、他人や環境を傷つけて一時的に利益を得たとしても、必ずあとでそのつけが何倍にもなって還ってくるのです。

●覚りによって心が安住する――涅槃寂静《ねはんじゃくじょう》

これを時々「死後の世界＝極楽浄土」と間違って解釈している人がいますが、涅槃《ねはん》とは煩悩《ぼんのう》の火が消えた状態であり、さらにいえば、揺るぎのない覚りの境地のことをいいます。また寂静《じゃくじょう》とは、光り輝く仏の世界、すなわち覚りによって心が安住した状態をいいます。

さて、では私たち凡夫がこの涅槃寂静の境地に達するためには、いったい何をすればよいのでしょうか。

方法は様々ありますが、とりあえずは今述べた諸行無常と諸法無我の法印をしっかりと覚ることが肝心です。

この二つの法印を覚ることができれば、物事のその奥にある本質が見抜けるようになり、結果、目先に振り回されて苦悩することがなくなるからです。

例を挙げて説明してみましょう。

ここにA子さんという女性がいたとしましょう。

A子さんは根っからの子ども好きです。やがてA子さんは結婚して念願の男児、Bくんをもうけます。当然のことながらA子さんはBくんが可愛くてたまりません。またBくんもそれに応えるかのように、A子さんに甘えて、決してA子さんのそばを離れようとはしません。二人の親子関係はその後三年経っても五年経っても変わりませんでした。A子さんは幸せでした。次第にA子さんは、この幸せが永久に続くものと思い込み始めます。

ところがその関係は、Bくんが中学校へ入るあたりから、なぜか崩れ始めました。Bくんは次第にA子さんの存在がうっとうしくなってきたのです。

第二反抗期の出現です。普通男の子は、いくら幼少時に母親にべったりだったとしても、次第に親離れしていくものなのですが、それがA子さんには理解できませんでした。

やがてBくんは高校生になると、必要なこと以外はいっさいA子さんとは口を聞かなくなりました。Bくんの変わりようにA子さんは嘆き悲しみます。

「どうしてなの？　どうして息子はこんなに変わってしまったの……」

もうおわかりだと思いますが、Bくんの変身はA子さんへの裏切りでも何でもありません。普通子どもは、特に男子は思春期になると親から離れていくもので、これはいってみれば自立のための予行練習であって、ごく自然な現象なのです。

ここにも諸行無常の原理が働いています。そう、A子さんの悲しみの原因は息子のBくんにあるのではなく、A子さんがこの諸行無常の原理を知らないところにあったのです。もしA子さんがこれをしっかり認識していれば、多少寂しく思ったとしても、これほど嘆き悲しむことはなかったはずです。

もうひとつ押さえておかなければならないのは、先に述べた通り、この世に「絶対的な我《われ》」「絶対的な自己」は存在しないということです。

人間はすべて相対的な存在であり、何らかの形でこの世のすべてのものとつながっているのです。

ところが私たち人間は我《が》が強いため、なかなかこの原理が理解できません。そのため人や自然と調和することができず、そのせいでお互いが争いあって常に悩み苦しんでいるのです。これもやはり諸法無我の原理を知らないところに原因があります。

そんなわけで前述の二つの真理、「諸行無常」と「諸法無我」を悟《し》ることによって、自ずと涅槃寂静の境地に達することができるのです。

以上が三宝印と呼ばれる、お釈迦様が覚った宇宙の三大真理です。

●宇宙の真理がベースになっている仏教

ところでこの三法印ですが、いつ、どこで、どのようにしてできたのでしょうか。お釈迦様が覚ったと同時にでき上がったのでしょうか。それともお釈迦様が覚る以前より宇宙に存在していたのでしょうか。

もちろん答えは後者です。これらの真理は、一三七億年前のビックバンの宇宙創世以来、地球（宇宙）に存在していたのです。それをお釈迦様は瞑想や修行（神様からのインスピレーション）によって発見したのです。

ご承知のように、ポーランドの天文学者コペルニクス（一四七三〜一五四三）は、それまでの「天動説」を覆して、「地動説」を唱えました。もっとも自著『天体の回転について』はローマ教皇庁の迫害を恐れて、自分が死んでから発表するように周囲に命じていたようですが。

ここで重要なのは、コペルニクスが地動説を唱えた瞬間に、地球が太陽の周りを回り始めたわけではありません。地動説を唱えるはるか以前から、つまり地球誕生の四六億年前から地動説は機能していました。コペルニクスはただその天体の動きを、天文学や数学を背景とした研究によって知ったにすぎないのです。

万有引力にしてもそうです。ご存知のように引力の発見者はイギリスの物理学者アイザック・ニュートン（一六四二―一七二七）とされていますが、別にニュートンが引力をつくり出したわけではありません。引力はニュートンが生まれるはるか以前から、厳然とこの地球に存在していたのです。それを彼は木から落ちるリンゴを見て（様々な計算によって）発見したのです。

さて、仏教ではこれらの宇宙法則の発見者を迹仏《しゃくぶつ》と呼び、宇宙の真理そのものを本仏《ほんぶつ》と呼んでいます。

そういう観点からいくならば、お釈迦様も私たちと同じ生身の人間であり、決して人間を超越したスーパーマン的存在ではないわけです。

ただ宇宙の真理を悟って、その真理をベースに仏教を創始したという意味で、敬意を払ってお釈迦様＝「仏様」と呼んでいるのです。

●すべては必然であり偶然は存在しない

お釈迦様はブッダガヤーの菩提樹の下で、最初に「縁起《えんぎ》」の法について覚られました。縁起とは「因縁生起《いんねんしょうき》」の略で、この世のすべてのことは○○《なになに》に縁《よ》って起こる、という因果律を指します。

さて、山へ行くと、たくさんの樹木が天空に向かってそびえ立っています。

これらの樹木は、もちろん偶然にそびえ立っているわけではありません。何らかの原因によって自然発生したものもあり、また誰かが過去に植林したものもあるでしょう。

また、畑のお米にしてもそうです。これも当然、空から偶然に降ってきたわけではありません。農家の方が稲を植えて、丁寧に世話をして育てたからにほかなりません。

さらにはたまたま一億円の宝くじに当たった人がいたとしましょう。この場合は一見偶然のように見えますが、ここにもちゃんと原因があります。

ただ、宝くじの場合は広義に解釈した場合は偶然といえなくもありませんが、突き詰めて考えれば、「買わない宝くじは当たらない」のたとえ通り、宝くじを買うという原因があったからこそ、当たったのであって、そう考えればやはりここにも原因は存在するのです。


この他にも、世の中にはまだまだ一見偶然に思える出来事がたくさんありますが、突き詰めて考えればそれらはすべて必然であり、偶然はほとんど存在しないといっていいでしょう。

であるならば、私たち人間の運命も偶然ではなくて、基本的にはすべて何らかの原因があって決定されている！……ということがいえるのでしょうか。

実はその通りなのです。人間の運命、つまり幸・不幸や人生の良し悪しは偶然にでき上がったものではなく、すべて私たち人間サイドに原因があり、その原因が何らかの縁に触れて現在の運命をつくり上げているのです。仏教では明確にそう教えています。

ではその原因とは何か？……

その原因は大きく分けて二つあります。すなわち「現世のカルマ」と「過去世のカルマ」です。基本的にこの二つのカルマが混合して私たちの運命を形成しているといっても過言ではありません。ちなみにカルマとは自分が過去に作った幸・不幸の原因のことで、日本語では「宿業《しゅくごう》」といいます。

●ネガティブな性格が不運をつくる

現世のカルマとは呼んで字のごとく、この世で自分が作った幸・不幸の原因のことです。仮に今あなたが病床に臥《ふ》せっていたとしましょう。この場合、もちろん偶然に突発的に病気になったわけではありません。

たとえば、暴飲暴食をしたとか、働きすぎたとか、精神的に辛い出来事があったとか、あるいは生活が不規則だったとか、必ず何らかの原因がそこにあったはずです。また、人が不幸になる場合も同様です。自分では気づかなくても、必ずどこかで不幸になる種をばら撒いてきているはずです。


ところで私は、これまで三〇年以上にわたって人間の運命について研究してきましたが、運、不運には各人の性格が大きく関与していることがわかりました。

この世で不幸な人を見ていると、どうも次に記すようなマイナスの性格を持った人が多いようです。

●頑固で自己中心的。人の立場をまったく考えない。
●依頼心が強く、何ごとも自分でやろうとしない。
●グチや不平不満が多く、感謝の念がまったくない。すぐに泣きごとをいう。
●何ごとにも消極的で、勇気も積極性もない。あるのは保身だけ。

●根気がなく、怠け者。勤労意欲がまったくない。
●分不相応で派手な生活を好む。見栄っ張りで常に生活が収入の枠を超えている。
●欲望に支配され、酒や博打にのめり込む。
●無気力、無感動、無責任。しかも時間や金銭にルーズ。
●人の恩に鈍感で恨みには人一倍敏感。
●感情を制御できず、すぐに切れてしまう。

やはり、こういったネガティブな性格の持ち主は、不幸を招きやすいタイプといっていいでしょう。

往々にして人は陽気性を好むものであり、幸運はその陽気性、積極性に魅かれてやってくることが多いからです。

ですから、陰気でネガティブな性格の持ち主は人から嫌われることが多く、それだけ女神から見放される確率も高いのです。

簡単にいえば、これが現世のカルマ、因縁です。つまり、素行の悪さ、感情の不制御、怠け、その他によって起こる不幸のほとんどが、この類だといっていいでしょう。

これに対処するためには、素行を改め、感情や欲望をコントロールし、さらに性格をネガティブからポジティブに切り換える必要があります。

●生命は永遠に存在し続け、輪廻転生する

次に前世のカルマについて説明しましょう。こちらは少々ややこしくて、もしかしたら理解しづらいかも知れません。

なぜならこちらは文字通り前世の自己の罪業《おこない》によって起こる運、つまり「生命永遠」説、あるいは「輪廻転生《りんねてんしょう》」説を前提として成り立つ運命観だからです。

「人間なんて死ねば終わりさ。輪廻転生なんてありえない！」

そう考える人には、この前世のカルマはまったく意味をなしません。前世がなければ、前世のカルマを問うこと自体、まったくのナンセンスだからです。

しかし仏教やヒンドゥー経では、基本的に人は死後「地獄、餓鬼、畜生、修羅、人、天」のいずれかへ輪廻転生するとしています。

これを「六道輪廻《りんね》」といいます。特にチベット仏教ではこの考え方が強いようです。そして私もどちらかというと、この考え方に概ね賛成です。

ちなみに仏教学者のひろさちや氏は、死後の世界についてひと言、「空」と述べられています。

あるともいえないし、ないともいえないといったところでしょうか。また氏は、死後の世界はあるか、無いかではなくて、「あるべきか、ないべきか」で問うべきだといっておられます（『死の世界死後の世界』徳間文庫）。

これについて論じると、一冊の本ができ上がってしまうくらいなのですが、いずれにしても私は瞑想等によって、つまりインスピレーションによって生命永遠説を信じています。

「そんなの、自分は絶対に信じられない……」

という方はそれで結構です。別に無理に信じる必要はありませんし、私も押しつける気は毛頭ありません。ただ、せっかくこうして何かのご縁で本書を読んでいただいているわけですから「そんな考え方もあるのか……」くらいの軽い気持ちで読んでくだされればと思っています。

さて、今も述べたように、仏教には「三世《さんぜ》の生命」という概念があります。これは「人間は死んだらそれで終わり……」というような単純なものではなく、人生が昨日、今日、明日と連続しているように、生命も過去、現在、未来と連続しており、永遠不滅である、ということをいったものです。

もちろん、表面的、現象的には人間は死ねば火葬され、灰となってそれでジ・エンドとなるわけですが、それは生命そのものの死ではなく、単なる肉体・個体としての死であり、生命活動の一時的な停止にすぎません。

生命それ自体は生きも死にもせず、現象としての生死を繰り返しながら、永遠に存在し続けるのです。

●生死の現象を繰り返しながら、生命は進化を目指す

人間は生きている時はもちろんのこと、肉体の死後も生命そのものは大宇宙に溶け込み、大自然と一体となって生き続けるのです。

これをもう少しわかりやすく説明してみましょう。たとえば水です。

水はご承知のように液体ですが、この水に熱を加えると気体となって消えてしまいます。消えたからといって、水が無くなったわけではありません。もちろん現象として水は液体から気体に変わって無くなってしまった（ように見える）わけですが、実際は気体となって空中に溶け込んだにすぎません。

それが証拠に、空中に溶け込んだ気体は、やがて雨や雪となって再び地上に降り注いできます。いうなれば、水が液体の時が人間の「生」であり、気体になった時が「死」の状態だということです。

このように、人間の生命（液体）も現象としての死で、肉体は「空」（気体）となって宇宙に溶け込み、気体が温度の変化によって再び液体に戻るように、なんらかの縁によって現象の世界に蘇《よみがえ》ってくるのです。

むろん、それが一〇年先なのか、五〇年先なのか、はたまた一〇〇年先なのかは、皆目見当がつきません。

というのは、各自のカルマによって宇宙に溶け込む期間が一人ひとり皆違うからです。

また地球に生まれ戻るのか、それとも他の惑星に生まれ落ちるのか、あるいは異次元の世界に生まれるのか、これまた個人差がありますから何ともいえません。

ちなみに最近の天文学や宇宙物理学によれば、私たちのこの銀河系だけでも、地球と環境が似かよった惑星が一億個前後あるといいます（諸説あり）。これが宇宙全体となれば、想像を絶するほどの膨大な数となることはまず間違いないでしょう。

いずれにしても、こうして生死の現象を繰り返しながら、生命体は徐々に進化していくのです。

●人は魂の修行のために、この世に生まれてきている

さて、それはそれとして、ここでひとつ疑問が浮上します。

それは、なぜ私たち人間は生きたり死んだりして、何回も生死を繰り返さなければならないのでしょうか？


理由は二つあります。ひとつはズバリ魂の錬成です。

私たちがこの世に誕生して成人するまで、毎日繰り返し学び、遊び、悩み、喜び、苦しみ、様々な体験を積んでやがて立派な大人へと成長していくように、魂（生命）も生死を繰り返すことによって一段と高いレベルの魂へと進化していくのです。いってみれば魂の修行のために、私たちはこの世に生まれてきているのです。

なぜならこの世が「一切皆苦の世界」であり、魂の錬成には非常に適しているからです。

次にもうひとつの理由ですが、「繰り返し」そのものがこの大宇宙のリズムであり、大法則だからです。

私たちの棲んでいるこの地球は、二四時間の周期で自転し、約三六五日かけて繰り返し太陽の周りを回っています。

太陽も八惑星を従えて定められた軌道を回っており、銀河系そのものもまたこの広大な宇宙を繰り返し遊泳しています。

このように星の運行にしても、潮の干満にしても、はたまた季節の移り変わりにしても、すべてこの大宇宙の繰り返しの法則・リズムによって動かされているのです。

これはズバリ「宇宙の本能」といっていいでしょう。


この繰り返しのリズムは一見単調で、人によってはなんの意味もないように感じるかも知れませんが、そうではありません。

この繰り返しには非常に重要な意味があります。なぜなら「太陽は東から昇り、西へ沈む」、この繰り返しがあるからこそ太陽は偉大であり、人類に絶大な恩恵をもたらすことができるからです。

以上のような理由から、この世のすべてのものが、というよりも宇宙それ自体がひとつの生命体であり、「成《じょう》 住《じゅう》 壊《え》 空《くう》」の繰り返しによって成り立っているのです。

「成《じょう》」とは人間でいえば誕生の時であり、「住《じゅう》」とは一番活発な青年期を指し、「壊《え》」とは老齢期に入った時であり、「空《くう》」とは肉体が死滅して大宇宙の生命体に溶け込んだ時の状態をいいます。

この繰り返しを続けながらも、宇宙は確実に進化しているのです。よって私たちの生命も宇宙と同様に「成《じょう》 住《じゅう》 壊《え》 空《くう》」を繰り返しながら、過去・現在・未来と三世にわたって生き続けていくのです。

●あなたは前世の罪を忘れている

さて、生命が永遠であるならば、当然私たちはこれまでに数えきれないほどの多くの生死を繰り返しているはずです。

その過程で、過去世において多少なりとも、誰もが何らかの罪を犯してきているのはほぼ間違いないでしょう。その犯した罪は例外なく生命（魂）に刻み込まれて、カルマとなっていきます。人間はこの過去世のカルマを背負ってこの世に生まれてくるのです。

仮にあなたが、今から一年前にAから一〇万円借りたとしましょう。

一年経ったからといって一〇万円が帳消しになるわけではありません。当たり前です。あなたは、その一〇万円を借りてすぐ飲み食いに使ってしまいました。やがて一年が過ぎて返済日になったところで、Aがやって来ていいました。

「約束の一年が経ちました。元金一〇万円と利息分を合わせてお支払いいただきましょう……」

ところがあなたは、生来忘れっぽい性格で、一年前の借金のことなどコロッと忘れていました。というよりもあなたは、自分の都合の悪いことはすべて脳裏から消せる、大変便利な特殊能力の持ち主だったのです。となれば当然、あなたは思うでしょう。

「なんだ、こいつは。何を訳のわからないことをいってるんだ。一年前に一〇万円借りたって？　そんなバカな。そんな大金、借りた覚えはない。それなのに、なんでこんなヤツに一〇数万も払わなければならないんだ。アホくさい……」

これに対して相手は決して忘れていませんから、あなたが何といおうと強硬に借金返済を迫ってきます。それでも返してもらえないとわかると、多分相手はこんな捨てゼリフを残して帰っていくに違いありません。

「いいですよ、別に……。利息分が増えてあとであなたが困るだけですから」

そのひと言に逆上して、あなたはAに突っかかっていきます。

「なんだと」

が、相手が悪かった。なんとAは空手五段の猛者だったのです。あなたは空手チョップを食らって、無様にもその場に泡を吹いて失神してしまいました。

実はこれがカルマの実態なのです。私たちはこの世に生まれる時に、当然のことながら前世の記憶は忘れてしまっています。けれども、記憶にないからといって今の話同様、前世の罪が帳消しとなるわけではありません。

罪は罪として残り、カルマとなって生命に刻み込まれています。

生命に刻み込まれたカルマは時間の経過とともにやがて熟成し、ある日縁に触れて忽然と姿を現すのです。

その現れた現象を、私たちは一般に「運」と呼んでいるのです。

●因があっても縁がなければカルマは具現化しない

今の話を解説してみましょう。

一年前にあなたはAから借金をしました。

まずここであなたは、返済を迫られ、挙句の果てに空手チョップを食らって失神する――に対する原因をつくったことになります。

原因をつくったからといって、それがすぐに結果となって現れるとは限りません。それが履行されるまでには、ある程度の期間が必要です。因果律とは厳密にいえば因と果だけで完結するものではなく、因と果の間に縁がなければ成立しません。

たとえばここに、「横死《おうし》」のカルマを持つ男がいたとしましょう。

なぜ横死のカルマがあるのか？　それは前世に起因します。もしかしたらこの男は、前世において殺人を犯してきているかも知れません。ゆえに男は横死のカルマを持って生まれてきたと考えられます。

が、だからといってすぐに横死するわけではありません。この男が横死するためには、そこに横死するためのなんらかの縁がなければなりません。

実はこの男は生来、超利己主義者で、自分の利益のためなら簡単に人を裏切るような冷酷なタイプの人間だったのです。気に入らなければ相手を怒鳴りちらし、ののしることも平気でした。つまり、横死のカルマがあるゆえに、この男はこういう陰湿な性格を持って生まれてきたと考えられます。

ある日のこと、男に裏切られた仕事仲間のひとりが、ついに男の前にやってきました。手にはナイフが握られています。

「よくもオレを騙したな。二〇〇万円返せ」

「何をいうか、何もできないくせに、偉そうなことをいうんじゃない」

「いったなぁ！　よ～し、目にもの見せてくれるわ」

次の瞬間仕事仲間は「わ～っ！　と叫んで男目がけて突進して行きます。

血しぶきが飛び散り、みるみるうちに辺り一面が血の海と化します。

こうして男は仲間を裏切り、しかも仲間をののしったために、その仲間の恨みによって殺されてしまったのです。見事にカルマが履行されたわけです。


さて、この場合の男の因・縁・果は次の通りです。


《因》――前世、人を殺したことによるカルマ（潜在的、異次元的な因）。

《縁》――裏切られたことによる仲間の恨み、反撃。

《果》――仲間の反撃によってナイフで刺殺される。


このように、たとえ因があっても、縁がなければ決してカルマは具現化しないのです。反対にどんな危険な目に遭遇しても（縁があっても）、因であるカルマさえなければ決して命を失うようなことはないのです。

とはいえ男は、前世で殺人という恐ろしい罪を犯してきていますから、必ずどこかで縁に触れてカルマが具現化するはずです。もし現世で縁に触れなければ、もしかしたら来世に持ち越されるかも知れません。

●カルマが性格をつくり性格が運をつくる

こうして私たちはカルマに支配され、歩むべき人生コースも大筋において決まっているわけですが、ただ、厳密にいうとカルマが作用するのはこの世に誕生するまでのことです。それ以降は人間の自由意思によって大半の運命は転換することが可能ですので、それほど「カルマ、カルマ！」と恐れる必要はありません。

なぜならこの世に生まれ出たカルマは、いってみれば一種の慣性力のようなもので、放っておけばもちろんそのまま突っ走ってしまいますが、人間がその気になって方向転換してやるか、意識的にブレーキをかけてやれば、雲散霧消する可能性が高いからです。

仮にここに、Bさんという人がいたとしましょう。

Bさんは哀れになるほどの貧窮な家に生まれつきました。これ（貧窮な家に生まれつく）は偶然ではなく、Bさんが「貧窮」というカルマを持っていたために、わざわざそのような家を選んで生まれてきたものと考えられます。

けれども、今もいいましたように、カルマが作用するのはそこまでです。そこからは天与の自由意志、頭脳、才能を駆使することによって、運命はどのようにも変えることができます。

とはいうものの、現実は厳しく、不幸な星のもとに生まれた人はいつまで経ってもその不幸から脱却できず、それどころかそれに輪をかけたような大きな不幸を背負って生きているというのが実状です。これはいったい、どうしたわけでしょうか？

確かに世間を見回してみると、貧乏な人はいつまでも貧乏、病弱な人はいつまでも病弱、結婚運の悪い人は何度も離婚を繰り返す……、そんなケースが数多く見受けられます。となると、やはりカルマは誕生後もエネルギーを蓄えていて、死ぬまで作用するのでしょうか。

もちろん、そういうケースが全然ないとはいい切れません。中には人間の力だけではどうにもならない強力なカルマがあることも事実です。しかし大半のカルマは人間の自由意志でほとんど解消可能なので、生まれた時の不幸が一生続くなどということはほとんどありえません。

それなのに、なおかつ一生不幸な人が多数存在するのはなぜなのか。

それは生まれ持ったネガティブな性格、あるいはマイナスの運命パターンを変えることなく一生持ち続けてしまう（慣性力に歯止めをかけない）ことに起因します。なぜなら、カルマは性格・人格を媒介して現れることが多いからです。

よく性格が運をつくるといいますが、正確にはカルマが性格をつくり、その性格が各種の運をつくり出しているのです。

性格という言葉が適当でなかったら、「生き方・考え方」といい直しても構いません。

●使命実現のために人生を完全燃焼して生きよ

さて、生命永遠説から行くならば、私たちは死後霊界へ旅立つわけですが、霊界＝天国（浄土）というわけではありません。霊界は一時的な休息の場所にすぎません。しかも、そこで私たちは神の審判を受けなければならなりません。つまり魂の錬成が充分になされているかどうかを神様から直接チェックされるわけです。ここでいう神様とは、閻魔大王のことです。

その審判でＯＫが出れば、六道輪廻することなくそのまま浄土へ行くことができますが（ごく一部の人に限られます）、そこで閻魔大王から「ノー」といわれた場合は地獄へ落とされるか、あるいは再び地上へ戻される（生まれ変わる）ことになります。

では、地獄へ堕ちる人とはいったいどういう人たちなのでしょうか。

ひと口にいうならば、生きている間に悪逆の限りを尽くした人たちです。

悪徳政治家、悪徳宗教家、悪徳医療従事者、犯罪者（特に殺人犯）。こういう人たちは地上での錬成が皆無であるばかりか、悪徳行為によってさらに新たなカルマが上乗せされていくため、どうしても地獄行きとならざるを得ません。

あとの大半の人たちは再び地上に戻されることになるでしょう。おそらく普通の善人（可も不可もない）であれば、六道のうちの人界に戻されることになります。

「善人なのに、なぜ浄土ではなくて地上へ戻されるのか……？」

それはズバリ、魂の錬成がきちんとなされていないためです。なぜ、なされていないのか？　本人の努力精進が足りないことがひとつ。もうひとつは、錬成は少ない回数では駄目で、何度も繰り返し行われてはじめて完成するものだからです。

人生になぞらえて考えてみましょう。

学校の卒業を「死」、立派な社会人となることが「浄土への入口」だと仮定してみましょう。ご承知のように私たちはまず七歳になったところで小学校へ入学し、六年間そこで学びます。

けれどもそれだけでは社会人にはなれません。卒業したあと、すぐに中学校へ入学しなければなりません。同じように中学校で三年間学んだあと、再び卒業式を迎えるわけですが、それでも社会人にはなれません。

次に、今度は高校、そして大学へと進学することになるわけですが、考えてみれば私たちはこうして小、中、高、大と卒業を重ねていくうちに、次第に知識、常識、見識、教養等が身について、一六年（もしくは一三年）かけてやっと立派な社会人となることができるのです。

これと同じで、私たちは人生を一度や二度体験したくらいでは、魂の錬成を完成させることはできないのです。人（カルマの程度）によってまちまちですが、三回、五回、一〇回、三〇回、五〇回、一〇〇回……、と回数を重ねていってはじめて錬成の完成をみることができるのです。

ただ、ここで問題なのは、確かに魂の錬成を完成させるためには回数が必要なわけですが、だからといって転生を繰り返してさえいれば、自動的に錬成が完成されるわけではありません。

そこには本人の努力精進が必要になってきます。加えて「人生をどう生きたか……」が非常に重要になってきます。

一日に換算して考えてみても、一日をただボンヤリ過ごした人と、価値的に過ごした人とでは、その結果において大変な違いが出てくるように、やはり人生を前向きに価値的に生き抜いた人は、それだけ錬成の度合いも格段に進むのです。

死後天国に入るためは「利他主義で生きる、博愛の精神を持つ、世のため人のために尽くす、感謝の念で生きる」こうした生き方が大切だという人がいます。

もちろんそれらの精神も大切ですが、私はそれよりも完全燃焼して生きることがもっとも大切だと思っています。他人に直接手助けをすると、どうしても相手に依頼心を抱かせてしまいます。

それよりも、天与の自己のミッション（使命）を自覚して、ミッション実現のために全力を尽くして生き抜くことです。

こうした生き方が、回り回って社会のためになるばかりでなく、魂の錬成にもつながるのです。

第2章

本当の幸せが見えてくる「真理の言葉」

『ダンマパダ』（真理の言葉）は、原始仏典の中ではもっとも古い部類の経典とされています。お釈迦様の言葉を入滅後に弟子たちが編集したもので、ズバリ、お釈迦様直伝の教えといっていいでしょう。

また、ダンマパダは原始仏典の中ではもっとも人気が高く、東洋を超えて広く世界に流布しています。

全部で二六章四二三句あり、漢訳は『法句経《ほっくぎょう》』といいます。日本では東京大学名誉教授であった故中村元博士訳のものが有名です。

尚、本書は読みやすくするために、現代語訳にしてあります。ご了承ください。

繁栄への道とは

幸せになりたかったら幸せの種をまこう

善い行いをする者には歓喜が訪れる。この世で歓喜し、そして来世でも歓喜する。

善い行いをすれば善い結果が、悪い行いをすれば悪い結果が訪れる――。これが「善因善果」、「悪因悪果」の理法です。

善因とは善い種を蒔《ま》くことであり、悪因とは悪い種を蒔くことです。キュウリの種を蒔けばキュウリができますが、間違ってもトマトはできません。トマトが欲しければ、トマトの種を蒔くしかありません。

これと同じで、幸福になりたかったら幸福の種を蒔くしかないのです。不幸の種を蒔いておいて幸福を求めるのは、キュウリの種を蒔いて、トマトを希望するようなものです。絶対にありえません。

ただ、農作物の場合は、たとえばトマトの種をまけばある程度の期間をおいてトマトを収穫できますが、人間の場合は幸福の種をまいたからといって、すぐに幸福を収穫できるとは限りません。もちろんすぐの場合もありますが、普通は実を結ぶまでにかなりの年月がかかるでしょう。

善因を積んで善果が出るまでに時間差があるからです。

なぜ時間差があるのでしょうか?

色々な原因が考えられますが、ひとつは善因善果＝因果律であり、因果律は因と果の間に「縁」が存在し「因」にその縁が触れてはじめて「果」が出現するものだからです。その縁に触れるまでの期間が、人によって差があるのです。

つまり、畑に善い種を蒔いても水や太陽という縁がなければ作物が育たないように、いくら善行を積んでもそこに何らかの縁（きっかけ）がなければ善果として現れてこないのです。

因果の法則に誤魔化しはありませんから、善行を積む者には時間の長短はあっても必ず歓喜が訪れるのです。

しかもその歓喜はこの世だけでなく、来世まで続くというのですから、嬉しい限りではありませんか。

正攻法でしか本物の繁栄は築けない

罪を犯して繁栄しても、いずれその繁栄は崩れ去る。道に適った方法をとるならば、その繁栄は本物となる。

世の中には色々な考え方をする人がいるもので、我欲をむき出しにして権謀術数を駆使し、狡猾《こうかつ》に立ち回らなくてはお金儲けや成功などは望むべくもない！　と説く人もいます。仏教思想とはまるで正反対です。

その代表的人物が、いわゆるマキャベリアン（実在したイタリアのマキャベリとは似て非なるもので、思想が歪曲されて伝わっている）と呼ばれる人たちです。

彼らによれば、大物成功者となるためには以下のような資質が必要だといいます。

①法律に従わない　②強欲　③悪知恵に長けている　④恥知らず　⑤人を押し潰すことに快感を覚える　⑥度胸が人一倍ある　⑦変節漢

私はこれを聞いて一瞬戦慄を覚えましたが、しかしよく考えてみると、まったくの的外れではないような気がします。

大政治家、大宗教家、あるいは各分野の成功者をつぶさに観察してみると、確かに一部にそのような人が存在するのは確かです。彼らは強欲で悪知恵に長けていて、変節漢で、人を踏み台にするのも平気です。だからこそ、人がうらやむほどの大きな成功を手中にすることができたのでしょう。

でも残念ながら、その繁栄は長続きしません。すぐに崩れ去ります。というよりも「悪因悪果」、「諸法無我」の理法によって、その後は成功の度合いに比例して天罰が下ることになります。

人を欺き、人を傷つけて大金持ちになっても、結局は水泡に帰するばかりか、自分さえも傷つけてしまうのです。

ヒトラー、スターリン、サダム・フセイン。

本物の繁栄を手にするためには、多少時間はかかっても、やはり正攻法を用いるべきです。彼らの二の舞にならないためにも、決して禁じ手を用いないようにしなければなりません。

まず他人に与えよう

奪えば貧窮する。与えれば繁栄する。心ある人は与えることを知っている。ゆえに繁栄の道が拓かれる。

人間性開発の会のボブ・コンクリン会長の話に、他人に与えることの重要性を説いたこんな寓話があります。

――善人でも悪人でもない平凡な男が、ある日この世を旅立った。男の行き着いた先は地獄だった。男は地獄のサタンから両腕に添え木を当てられた。そのため腕を曲げることができなかった。やがて食事の時間となり、男は食堂へ連れていかれた。テーブルの上にはご馳走が並べられてあった。

ドラが鳴った。次の瞬間、たくさんの人たちが食堂へなだれ込んできた。

彼らも同様に腕に添え木を当てられていた。

彼らは痩せこけて目は窪《くぼ》み、見るからに栄養失調だった。

二回目のドラが鳴った。食事開始の合図だった。

彼らはテーブルのご馳走に顔を押しつけてガツガツと食べ始めた。

しかし、手が使えないため、なかなかご馳走を口に入れることができない。

三回目のドラが鳴った。食事終了の合図だった。ろくすっぽ食べないうちに、彼らは外へ追い出された。これを見た男は、「こんなところにいられない」とばかりにサタンに訴えた。

「生前私は、何も悪いことはしてきておりません。ですから何とぞ再度審査を……」

今でいう再審請求だった。男があまりにいうので、サタンはもう一度男を審査することにした。

その結果、男の潔白が証明され、今度は天国に送り込まれることになった。

天国では聖ペテロが男を待っていた。

「ようこそ天国へ。添え木はここでも使いますから、そのままにしておきなさい」

やがて食事の時間が来た。男は食堂へ連れて行かれた。テーブルにはたくさんのご馳走が並べられてあった。ドラが鳴った。たくさんの人達がなだれ込んできた。驚いたことに、ここの住人は添え木が当てられていたにもかかわらず、なぜか血色がよく、福々しい顔をしていた。

二回目のドラが鳴った。住人たちはご馳走を食べ始めた。ここの住人はご馳走に顔を押し付けるようなことはしなかった。そのかわりに添え木の手でご馳走をつかむと、手を伸ばして互いに住人同士で食べさせ合ったのだった——。


この話は宇宙の真理をピタリといい当てています。

与えれば与えられる——これこそが善因善果の典型的な例ではないでしょうか。

私たち人間は、今の寓話に出てきた地獄の住人のように、とても我欲の強い生き物です。そのため、我《われ》が、我《われ》がという我《が》を振りかざして他を排斥し、自己利益の追求に狂奔します。

そこが、そもそもの間違いなのです。

この世は諸法無我であり、我《われ》は存在しないのです。間接的にではありますが、互いに依存し合い、協力し合い、人類が一体となって生きているのです。したがってそれを無視すれば当然の帰結として孤立することになります。

地獄の住人がまさにそうでした。彼らは自分が食べることばかりに夢中になって、他人にはまったく関心を持ちませんでした。

一方天国の住人は、自分のことはあとまわしにして、最初に他人に関心を持ちました。その結果、前者はガツガツ食べたにもかかわらず、まったく空腹を満たせませんでした。後者はその逆で、ガツガツしなかったにもかかわらず、労せずしてお腹を満たすことができました。

このことは、そのまま生き方、そして仕事にも当てはめることができます。

すなわち、相手の利益よりも自分の利益を優先する者は失敗し、自分の利益よりも相手の利益を優先する者は成功する！

ところで、今私は「人間は我欲の強い生き物……」といいましたが、自己の利益を追求するのは、生きている以上、生活している以上、ある程度は仕方のないことだと思います。それが証拠に、フロイトは「人間は快楽原則からは逃げられない」といっています。また、人間関係の中で、特にビジネスの場合は自己主張することも当然必要になってきます。

ただ、それが、我欲を満たすだけの自己主張であってはいけないのです。この世は相互依存が基本なのですから、あくまでも相手の立場も考慮に入れた、いわゆる共存共栄の主張でなければならないのです。

それが自然の理に適った生き方であり、無駄なようで自分を活かす最高の道なのです。

自分の使命を果たそう

自分こそ自分の主。自分をよく見つめて、自分自身を調えよう。そして自分の道を歩もう。そうすれば繁栄は訪れる。

人生は自分が主体となって生きる必要があります。そのためには他人《ひと》任せの人生を送ってはいけません。自分の人生は自分で作り上げることが重要です。

ここでのキィ・ワードは「ミッションの遂行」です。
人は皆それぞれミッション、つまり使命を持ってこの世に生まれてきています。
しかし残念ながら、与えられたミッションを果たしている人は意外に少ないのです。
では、自分のミッションとは何か？

そのヒントとしてこんな例を紹介してみましょう。

Tさんは大学を中退していますが、Tさんのお兄さんは大学院卒の秀才です。職業は科学者、そして大学教授です。対してTさんは、のちに成功するまでは定職を持たない風来坊だったようです。

そんなTさんでしたが、ある日一大決心をします。Tさんは以前より「○○の世界で絶対にビッグになってやる！」との夢を持っていたのですが、その夢を果たすべくある年、芸能界入りしたのです。いや、とりあえず浅草に打って出たのでした。

Tさんは一流のお笑い芸人になりたかったのです。

そのきっかけは「浅草がおいらを呼んでいる……」でした。どこからか声が聞こえてきたのでしょうか。

その時のことをTさんは『浅草キッド』（新潮文庫）の中でこう語っています。

「『浅草しかない。浅草へ行ってひと勝負するしかない。何がなんでも浅草だ。浅草がおいらを呼んでいる』そう思い込んだら、矢も楯もたまらなかった……」

もうおわかりだと思いますが、Tさんとはビートたけしさんのことです。ご存知のように、こののち、たけしさんは漫才師として大きく成功します。その他にも彼は映画監督となって次々とヒット作品を飛ばし、さらに国内外の権威のある賞をいくつも獲得しています。

それにしても、華々しい成功……、というよりも異次元の成功です。これほどまでの成功をいったい誰が予想できたでしょうか。家族も含めてほとんどの知人友人が当初は「そんなの無理だよ……」と反対したはずです。反対しないまでも、腹の底では「失敗するに決まってらぁ……、アホめが……」と冷ややかな目でみていたに違いありません。

ところがその大方の予想を裏切って、彼は異次元の成功を果たしたのです。

さて、ここです。たけしさんが、大成功したのは、それはお笑い芸人、映画監督がたけしさんのこの世でのミッションだったからです。

今も紹介したように、彼は著書の中で「浅草がおいらを呼んでいる……」と述べていますが、きっと彼は何度も何度も、そして強烈な心の叫び、換言すれば無意識からの突き上げがあったのでしょう。

もちろん才能、時代背景、運もよかったのでしょうが、彼はその心の声に素直に従ったゆえに、成功したのです。


――いや応なく心の底から突き上げてくる熱い想い！ これこそがその人のミッションだといっていいでしょう。

もしあなたに何らかの才能があって「自分は○○になりたい！ なるべきだ！」とそんな熱い想いが絶え間なく突き上げてくるようなら、それはおそらくあなたのミッションだと思われます。

もちろん今は昔と違って、何をやってもそう簡単に成功できる時代ではありませんので、安易な独立は厳に慎まなければなりませんが、成功の可能性を追求、検討して脈ありと判断したのなら、やってみる価値はあると思います。

苦悩が歓喜に変わる瞬間

想い悩むのはもうやめよう

悩めば悩むほど人生は迷路に入り込んでしまう。悩みなく暮らせば、人生はパッと明るくなる。

「人間は考える葦《あし》である」

こういったのは、フランスの哲学者Ｂ・パスカルです。

パスカルは天才肌でしたが、子どもの頃からかなり病弱だったようです。そのせいでしょうか、彼は生まれてから三九歳で亡くなるまで常に何かを考え、常に何かと戦って悩んでいたようです。

人間を「木」ではなくて「葦」（葦は雨風の影響をすぐに受ける弱い存在）としたところに、彼の心情が垣間《かいま》見えます。

パスカルに限らず、人は悩みます。あれこれ悩み、そして苦しみます。逆にいえば悩むのは人間の特権です。

動物はほとんど悩まない、いや、悩めないのですから。

そういう意味では、悩むことは人間にとってごく自然なことであり、別に悪いことではないと思います。

いや、時には大いに悩むべきだと思います。というのは、悩み苦しむことによってしか、人間は進歩成長することができないからです。

ただ、問題は、何ごとも「過ぎたるは及ばざるがごとし」で、やはり悩み過ぎはよくありません。というよりも、悩み過ぎは弊害をもたらします。

たとえば受験に失敗したとしましましょう。となれば、

「ああ、自分はなんて駄目な人間なんだ……」

と、誰もが落ち込みます。そして悩みます。

しかし、時間の経過とともに、その落ち込みは薄らいでいきます。消えていくはずです。その場合は正常です。

ところが人によっては、いつまで経ってもその感情が消えない場合があります。一カ月経っても、三カ月経っても、酷い時には一年経っても消えない場合があります。消えなければ当然、いつまでもクヨクヨと想い悩みます。

「ああ、あそこをもっと勉強しておけばよかった……」

「なんであんな簡単な問題をミスしてしまったのか……」

こうなると最悪です。

ところで「悩み、落ち込み」には建設的なものと、非建設的なものとがあります。今のケースはあきらかに後者です。であれば、当然弊害をもたらします。

だいたい、半年も一年も同じことを悩んでいれば、次回の受験にも影響するでしょうし、進学は諦めて社会へ出るにしても、いつまでも自分を卑下していたら、社会へ出ていい仕事などできるはずがありません。

生きるか死ぬかの重大事ならまだしも、受験に失敗したくらい、人生の長いスパンで考えれば、なんてことはありません。

それよりも、そうやっていつまでもクヨクヨしていることのほうが、よほど問題です。悩んで解決できるものはいいとして、悩んで解決できないものを悩むことほど愚かなことはありません。ますます迷路に入り込むだけです。

「そうはいっても、自分は性格的にいつまでもダラダラ思い悩むタイプだから……」

大丈夫です。そういう人でも意志力で悩みに歯止めをかけることができます。そのためには失敗をいちいち重大視しないで、常に次のように軽く考えるクセをつけることです。

「ま、いいか。これも人生だ。きっと神様がもう一度やり直せっていっているんだろう……」

人生を建設的で明るいものにするためにも、ぜひこれを実行してください。

繰り返しやっているうちに潜在意識に浸透して、自然にそうした考え方ができるようになるはずです。

貪りは人を不幸にする

貪ることなく質素に暮らそう。そうすればわずらうことなく、人生を平穏に生きられる。

世の中には、恐ろしいほど欲望の強い人がいます。

もっとも資本主義は欲望で成り立っていますから、欲望を持つことが悪いわけではありません。でも、あまり強すぎるのも困りものです。

強すぎると、どうしても他人を踏み台にしてまで自分のものにしようとするからです。こういうのを「強欲」といいます。

強欲が高じると、犯罪にまで発展しかねません。

事実「世の中お金がすべてだ！」と豪語して犯罪者に転落していった人は、これまでにもたくさんいます。自分でそこまでやる気はなくても、お金ばかり追いかけていると、思わぬ落とし穴に陥ることがあるのです。

確かにお金持ちになるといいことがたくさんあります。お金持ちはどこへ行っても歓迎されます。多少の無理も通ります。第一自由が買えるではありませんか。

ゆえに誰もがお金持ちに憧れます。

私も例外ではありません。この際きれいごとはいいません。私もできたらお金持ちになりたいと思っています。

でも、他人を傷つけたり、罪を犯してまでお金持ちになることは絶対できません。お金持ちになるのなら、あくまでも正当な方法を用いてなりたいと思っています。

また私がお金持ちになりたいと思うのは、単に贅沢な生活をするためではありません。自由を勝ち取って価値のある人生を送りたいと思うからです。

具体的には世のためになる本を書いたり、好きな勉強をしたり、あるいは社会に役立つ事業を起こして、人生を完全燃焼して生きたいと思っています。

そういうと、お金持ちになるといいことずくめみたいな気がするかも知れませんが、そんなことはありません。不動産で大儲けした人の話によれば、お金持ちになったことで失ったものもたくさんあるといいます。

まずお金持ちになったことでよけいな心配ごとが増えたといいます。

「誰かにお金を狙われはしまいか？　奪われはしまいか……」

「嫉妬して誰かから嫌がらせを受けるのでは……」

これは、お金持ちになったことで安心感が失われて、心が落ち着かなくなった状態です。

また貧しい時は家族の結束があったものの、お金持ちになってからはそれが無くなって家族の心がバラバラになったといいます。

結局、お金持ちになればなったで、心労もそれに比例して増えるということです。

だからといって清貧に甘んじる必要はありませんが、少なくとも強欲にだけはなってはいけません。

お釈迦様は「中道」（偏ることなくバランスよく）を推奨していますが、もしかしたら有り余るほどのお金を持つよりも、そこそこ稼いで少し足りないくらいのほうがちょうどいいのかも知れません。そのほうがよけいなことに煩《わずら》わされることなく、人生を平穏に暮らせるはずです。

勝つことだけが善ではない

勝利からは怨みが生まれる。敗者は苦しみに倒れ、復讐に燃えるだろう。勝利を最善と考えなければ、そこから安らぎが生まれる。

北辰一刀流の創始者千葉周作は、数々の道場破りをして、その名を世に知らしめました。そのため千葉道場を開いた時は、弟子がたくさん集まってきました。

普通、道場破りをすると、破られた道場側は破った者に怨みを抱きます。そのため、よほど気をつけないと、あとで襲撃されて殺害されることもしばしばだったといいます。ところが千葉周作の場合は、そういうことがいっさいありませんでした。道場を破ったあと、必ず道場主に次のような気配りの言葉をかけていたからです。

「なかなかのお手並み。今回は運よく私が勝ちましたが、ヘタをすれば私のほうがやられていたでしょう……」

千葉周作はどうやら、勝つことがすべてだとは思っていなかったようです。

さて、現代は千葉周作と違って、勝てば官軍と考える人がほとんどです。資本主義は基本的に競争ですから、やはり負けてばかりいるわけにはいきません。負けてばかりいると、社会から「あいつは無能だ、ダメなやつだ」との烙印を押されかねないからです。

とはいえ、勝つことばかりにとらわれていると、思わぬ落とし穴にはまることがあります。

世の中には勝ち組・負け組という言葉があります。あまりいい言葉ではありませんね。でも勝ち組は勝ち組なりに努力してきた人なのでしょうから、ある程度の評価はされてしかるべきだと思います。

けれども、だからといって勝ち組だけに価値がある！　などと思い込んではいけません。負け組にだって価値はあります。

というのは、人にはそれぞれ個性（生き方、考え方）というものがありますから、一人ひとり社会での活躍の仕方も違うからです。それなのに勤める会社や年収の多寡だけで優劣を決めるのはおかしな話です。

もしかしたら、最初から世間一般でいわれているところの勝ち組には入りたくないと思う人だっているはずです。

千葉周作ではありませんが、勝ち一辺倒では必ず反感を買ってどこかで怨みを晴らされる可能性があります。そこで、勝ち組を目指すあなたに、こうアドバイスしておきましょう。

「勝ち組に入ったとしてもそれですべてだと思ってはいけない。世間でいうところの負け組にも価値を認めて互いに尊重し合いなさい」

次に、最初から勝ち組を目指さない人、あるいは自分で負け組だと思っている人にアドバイスしておきましょう。

「勝ち組が最善だと思う必要はない。勝ち組に入らなくても自分のやることさえはっきりしているならば、充分価値がある。勝つことだけにとらわれなければ、かえって安らぎの人生が得られる」

健康がなければすべてではない

健康は最高の利得であり、満足は最高の宝である。

健康はなんといっても人生最大の宝です。お釈迦様はさらに涅槃（悟りの境地に到達すること）が一番だとしていますが、とりあえず凡夫である私たちにとって健康は欠かせません。

ドイツの健康標語に、
「健康は人生のすべてではないが、健康がなければすべてではない」
とありますが、まさに実感です。

いくらお金持ちになっても、またいくら社会的に成功しても健康がなければ何にもなりません。

ただ、健康は大切には違いありませんが、だからといって健康が人生の目的になってしまってはいけません。お金といっしょで、健康はあくまでも自分のミッション（使命）を実現するための手段にすぎません。現代人はそれをカン違いして、健康自体を人生の目的にする人が増えてきているようです。

いや、最初はもちろん手段として健康を求めていたのでしょうが、健康願望が強すぎるあまり、知らず知らずのうちにそれがどこかで目的にすり替わってしまったのでしょう。

西洋にそれを示唆したこんな寓話があります。

――中年の金持ちの男がある時病気になった。

普段健康に気を使ってきていただけに、男はショックだった。

すぐに医者に診せたが、医者は首をひねるだけで、なぜかはっきりした病名を告げない。そんな医者のあいまいな態度に、男は勘ぐった。

「死病だ。死病に違いない。もう助からないかもしれない……！」

やがて男は死の恐怖にとりつかれ、気も狂わんばかりだった。

そこで男は、神様に助けを求めた。

「神様、お願いです。なんとか私の病気を治して下さい……」

すると神様が出てきていった。

「病気じゃと、お前は病気ではない。単なる腹痛じゃ……？」

実は男の病気は、神様のいった通り、風邪をこじらせたことによる単なる腹痛にすぎなかったのだが、男はそれを死病だと思い込んでいたため、神様の言葉が耳に入らなかった。

「そんなことはありません。苦しくてたまりません。今にも死にそうです。なんとか助けて下さい。神様！」

説得しても無駄だと思った神様は、次に男にこういった。

「よし、わかった。助けてしんぜよう。じゃが、条件がある。助けてやる代わりにお前の一番大切なものをもらう。それでよければ助けてやろう」

男はそれが自分の財産だとカン違いして、すぐに条件を呑んだ。

「わかりました。助けていただけるのなら、すべてを差し出します」

それからしばらくすると、腹痛はウソのように止まった。

男は「やった〜！　死病から免れた〜！」とばかりに大喜び。

「何ごとも命あっての物種だ。財産なんてまた頑張ればいくらでもつくれる……」

ところが男は翌日、ポックリ逝ってしまった。

実は、男の前に現れたのは神様ではなくて死神だったのだ。そして死神のいった「お前の一番大切なもの」とは、財産ではなくて男の命だったのだ——。


ここに登場した男は、私たち現代人そのものです。私たちは健康を気にするあまり、病気を恐れるあまり、どこも悪くもないのに余分な薬やサプリメントを大量に摂取します。そして必要もない手術やいかがわしい民間療法を受けたりして、却って健康を損ねています。

これでは本末転倒です。健康が手段ではなくて、目的化しているからこんな不条理なことが起きてしまうのです。大乗仏教の教えの基本は「何ごとにもとらわれるな」ですが、健康を保つには健康に気を使い過ぎないことも大切です。

すべてをあるがままに見よう

飢えは一種の病。飢えはわが身をひどく苦しめる。しかし真実をあるがままに認めるならば、やがて安楽に変わる。

辛い出来事、悲しい出来事に遭遇した時、多くの人がそこから目を背《そむ》けようとします。気持ちはわかりますが、そういうしろ向きの姿勢では、何ひとつものごとは解決しません。それどころか、却《かえ》って問題は深刻化していきます。

台風一過のように、たとえ激しい雨風が吹き荒れても、次の日にケロッと晴れてくれればいいのですが、人生の台風はそうはいかないようです。

放っておくと勢力を増大させて、ますます荒れ狂うのが人生の台風の特徴といっていいでしょう。

ただ、逆境は人を苦しめる反面、人間を大きく成長させてくれるという利点もあります。ですので、それほど恐れる必要はありません。

もうずいぶん前のことになりますが、鹿児島県の馬毛島という無人島に、数千万匹もの殿様バッタが大発生して、大空を不気味にビュンビュン飛び回っていたことがありました。

実は殿様バッタは、草むらの上をピョンピョン飛び跳ねる程度で、本来は空を飛べない昆虫なのだそうです。では、飛べないはずのバッタがなぜ飛べるようになったのか？

それは危機感です。この時、殿様バッタは危機的状態に陥って体に変化が起こったのです。

まず殿様バッタが大量発生した理由ですが、当時の農水省農業環境技術研究所の桐谷圭治昆虫管理課長によれば、火事の発生によって島の三分の一が焼け、バッタの産卵に適した裸地が出現し、そこに生えた植物がバッタの格好のエサになったためだとしています。

次にバッタが空を飛べるようになった理由ですが、バッタがあまりにも大量に発生、群生化してエサ不足が生じたためだといいます。

エサ不足になるとどうして飛べるようになるのか？　それはエサ探しのためにこの島を離れて他の島へ移動する必要性が生じたからです。

必要性が生じると、一部の動物や昆虫は羽根を生やしたり体毛の色を変えたりして環境に適応するのです。

この他にも南アメリカに生息するトラサンショウウオは、普段はとても大人しいのですが、飢餓状態に陥ると鋭い牙が生えてきて凶暴になるといいます。おそらく他の動物を捕食するためだと思われます。

まさに超能力という他はありませんが、実は人間も同じで、逆境に遭遇すると空こそ飛べるようにはなりませんが、必要に応じて様々な能力が湧いてくるのです。

気づかない人がほとんどですが、人間にはバッタやサンショウウオに匹敵するほどの凄まじいパワーを体内に潜在させているのです。そしてそのパワーを顕在化することによって、どんな難問も解決することができるのです。

もっともそれには逆境から目を背けないことが条件です。
現実をあるがままに見つめて、逆境の中に飛び込んでいく必要があります。

こういうと怖くなって引いてしまう人がいるかも知れませんが、実はあなたが思うほど大変なことではありません。バンジージャンプといっしょで、一回思い切って飛び込んでしまえば、あとは慣れて平気になります。

逆境に目を背けて問題解決を先延ばしするよりも、真正面から立ち向かって問題解決をはかったほうがよほど得策です。

不幸は逃げると肥大化して追いかけてきますが、立ち向かうとなぜか雲散霧消してしまうからです。どちらが賢い選択かは一目瞭然です。

悪への誘惑はきっぱりと断ち切ろう

善行を行うのはとても難しいことだ。反対に自分のためにならないこと、悪いことは簡単にできる。

――むかし、あるお寺に、尚気《しょうき》という見習いの小僧がいました。

尚気は真面目で、とても勉強熱心な小僧でした。

秋のある晴れた日、尚気はひとりで散歩に出かけました。

どんぐりの木の下でおにぎりを食べていると、乞食がやってきていいました。

「もう一週間何も食べておりません。どうかお恵みを……」

この時尚気《しょうき》は、冷たく乞食を追い払ってしまいました。

本当はひとつ分けてやろうと思ったのですが、持っていった二つのうちひとつはすでに食べてしまっており、それにまだ満腹にはほど遠い状態でしたので、とても乞食に分けてやる余裕はありませんでした。

おにぎりを平らげたところで、尚気はお寺に戻るために歩き始めました。しばらく行ったところで、今度は尚気は道端で倒れている旅人を発見しました。どうやら病気で具合が悪いようです。すぐに尚気は近寄っていって、

「どうしました。大丈夫ですか」と声をかけました。

すると旅人は口から血を流し、息も絶え絶えになって尚気に抱きついてきました。

「お願いです。助けて下さい……」

やむなく尚気は抱え上げようとしましたが、なにせ尚気はまだ一五歳の子どもですから、大きな大人を抱え上げることはとてもできません。

その時、旅人の体から耐え切れないほどの悪臭が漂ってきました。加えて吐血した血が尚気の着物に大量に付着しました。この瞬間、尚気は気持ち悪くなって、そのまま旅人を放置して駆け出してしまいました。

次に尚気は井戸のある場所まで行って、着物に付着した血を洗い流しました。洗い

流したところでふっと横を見ると、そこには大きな柿の木があり、美味しそうな柿の実が鈴なりに生っていました。

「あ〜あ、なんだかお腹すいちゃったなぁ」

そこで尚気は悪いこととは知りつつも、柿を数個失敬して頬張ってしまいました。

「こんなにたくさん生っているのだから、少しくらい食べたって誰も文句をいわないだろう」――。

これは私が小学生の頃、学校の先生から聞かされた話ですが、先生はこの話を通して生徒に何をいいたかったのでしょうか?

当時は全くわかりませんでしたが、今になって考えてみれば、おそらく冒頭の言葉にあるように、人助けの難しさ、反面、悪の誘惑への抗しがたさをいいたかったのでしょう。

確かにその通りで、人間は快楽原則で生きていますから、どうしても善行(苦)よりも快楽に走りがちです。ここで注目しなければならないのは、仏門で修行する小僧さん(菩薩)でさえも面倒くさかったり、不快感が伴ったりすると善行をためらうということです。

ちょうど、東日本大震災で大勢の方たちがボランティアとして活躍してくれたにもかかわらず、震災がれきの受け入れとなると（大きな負担）、一転してどこの県も拒否したのに似ています。

そしてまた悪の誘惑には自分を正当化して簡単に引き込まれるのが人間の常です。これは非常に怖いことです。

人間は親鸞聖人がいったように「煩悩の器」ですから、聖職者であろうと、人間国宝であろうと、はたまた正義を守る警察官であろうと、機会さえあれば誰もがこうなる可能性があります。それをしっかりと自覚して、普段の生活で魔が差さないように、よくよく気をつけたいものです。

自分で宣言したことは実行

他人に教える通りにあなたもやりなさい。自分をコントロールすることほど難しいことはない。

巷間、よくこんな言葉を耳にすることがあります。

「自分はこんなところでいつまでもくすぶっている人間ではない」

「今に見ていろ、そのうちに世間をあっといわせてやる」

こういう言葉を聞くと、何か今にも凄いことを仕出かしそうな気がしますが、残念ながらこういう人間に限って、口先だけで何もやらない場合がほとんどです。

確かに話を聞いてみるとビジョン、プランだけは凄いですから、中には、

「ひょっとしたらこの人は将来大物になるかも……」

と、早とちりしてしまう人がいるかも知れませんが、それはまったくの誤解です。

まったく、はちょっといい過ぎかも知れませんが、九割方は誤解・錯覚だといっていいでしょう。

というのは、かくいう私も実に壮大・遠大なプランを、これまで友人・知人からイヤというほど聞かされてきましたが、実現していない場合がほとんどだからです。

「来年は一〇冊以上の本を書いてみせる。そしてその中から三〇万部以上のベストセラーを出してみせる」

「脱サラして起業し、年にひとつのペースで会社を増やしていくつもりだ」

「〇〇のど真ん中に、あっと驚くような画期的な店舗をつくってみせる」


これらのことがなぜ実現しないのでしょうか。いわずと知れたことで、その裏づけ、つまり肝心の実行力が伴わないからです。人間、口先だけだったら、何でもいえます。

「オリンピックで金メダルを獲ってみせる」、「直木賞、芥川賞をとってみせる」、「億万長者になってみせる」

自由自在です。こんなことは子どもにもいえます。

ところが「いうは易し、行うは難し」で、これを実現させるとなると大変な時間と労力（時には大金）を要します。

で、結局、いざ実行の段になるとその大変さに圧倒されて、自らプランを放棄して口先人間に成り下がってしまうのです。

自分で宣言したこと、他人と約束したことは責任を持って実行しましょう。責任が持てないのなら、むやみに口に出さないほうがいいでしょう。自分をコントロールするということは、それほど難しいのです。

途中で断念することなく、信念を貫こう

自分のなすべきことを捨て去ってはならない。何があっても自分の務めに専念しなさい。

あなたが正しいと思うものは、誰が何といおうと途中でやめてはいけません。

というのは前にも述べたように、自分の人生は他人《ひと》任せにするのではなく、自分自身で作り上げていくものだからです。

ですから多少、世の中の常識から外れていたとしても、それがあなたの信念だとしたら、強い意志と行動力を持って断行する必要があります。

だいたい正しい道を進もうとすれば、必ずどこかから横やりが入るものです。これはもう自然現象のようなもので、防ぎようがありません。防ぎようのないものにあれこれ頭を悩ましてもしても仕方ありません。

貫くか、断念するかの二つしかありません。もし外野の横やりに屈服するようでしたら、それはあなたの単なるお遊び、思いつきであって、信念とは違います。信念とは個人の命題が、本物あるいは真実として、貫き通せるもののことをいいます。

チャールズ・リンドバーグは飛行機の安全性がまだ確立されていない一九二七年の春に、プロペラ機でニューヨーク・パリ間、五八一〇キロを三三時間かけて飛んで、大西洋単独無着陸飛行に成功しています。

周囲からは無謀だの、バカだの、散々なことをいわれましたが、彼はそんな外野の批判にはいっさい屈せず、「絶対にそれは可能だ」との強固な信念のもとにやり遂げました。

ここまで過激でなくても、もしあなたに「これは正しい道だ」と心底思えるものがあったら、世間がどういおうと、どうぞ貫いて下さい。

ご存知のように、マザー・テレサは一九七九年にノーベル平和賞を受賞しましたが「弱者救済こそが私のミッション……」という、彼女の強固な信念と情熱が実を結んだのです。一説によればノーベル賞選考委員会は、彼女の不惜身命の姿勢に大いに感動して、彼女に賞を与えた、いや、与えずにはいられなかったといいます。

信念と情熱は、このように人を動かすのです。

運が開けるかどうか、成功できるかどうか——！

それはひとえにあなたの信念にかかっています。切羽詰った時、あるいはここ一番という時、あなたが弱気になって、「もう駄目だ……」と考えるのなら、本当に駄目になってしまうでしょうし、反対に、

「何がなんでもやり通して見せる！　絶対にできる！」

という強固な信念があれば、物事はその後飛躍的に拓けていくはずです。

成功哲学の権威ナポレオン・ヒルもいっています。

「ゆるぎない信念、それがあなたの思考をパワーに変えるのだ。信念はあなたの限界を破り、新しい自信となってあなたをチャレンジャーに換える……！」

煩悩の器であることを認める

耳の痛い話ほどタメになり、心地よい話ほど人を駄目にする

罪や過ちを指摘してくれる友を遠ざけてはいけない。その友は聡明だ。真摯に受け止めて生活態度を改めなさい。

人間は快《かい》（心地よさ）を好んで不快を嫌う傾向にあります。いや、傾向ではなくて、ズバリそのものといっていいでしょう。

これを「快楽原則」といいます。この原則からいくならば、人は「忠告を嫌って、お世辞を好む」ことになります。

確かにお世辞は耳に心地よく、誰もが無条件で受け入れてしまいます。これに対して忠告は耳触りが悪く、誰もが拒絶しがちです。

確かに忠告はイヤなものです。その忠告が図星であればあるほど腹が立ってきます。

でも、どんなに腹が立っても忠告は無視しないほうがいいでしょう。気分は悪いかも知れませんが、他人の忠告には一応耳を傾けてみる必要があります。なぜなら第三者は客観的に見ているだけに、当たっている場合が少なくないからです。

そもそも忠告は嫌がられることが多いですから、自分から好き好んでしたくはないはずです。それをあえてやるということは、よほど気になったのか、あるいは本当にあなたのことを思ってのことだと思われます。

「万人教師」の考え方からいくならば、たとえその指摘が間違っていたとしても、いったんは意志の力で受け入れるべきです。そして自分の中で冷静に検証してみることです。

「彼がいうように本当に自分は○○なのだろうか……」

「確かに常識的には彼のいうとおりだが、しかしそれでは自分の信念を曲げることになりはしまいか……」

このように自己検証することによって、ある程度正しい道筋が見えてくるはずです。

耳が痛いからといってすぐに拒否するのは、愚か者のやることです。

「耳の痛い話ほどタメになることが多い。耳触りのいい話ほど当てにならない！」

おそらくお釈迦様は、そういっているのでしょう。

ためになる友人を選ぼう

自分よりも優れた人とつき合いなさい。愚かな人とつき合うくらいなら、むしろ一人のほうがましだ。

仏教に「舎衛《しゃえ》の三億」という概念があります。

これは簡単にいうと、世の中の一～三割の人は仏様のどんな素晴らしい教えもまったく響かない（猫に小判、馬の耳に念仏）というものです。

仮に優れたお医者さんの健康セミナーがあったとします。参加者は一〇人。その中の七～九人はお医者さんの話に関心を示しても、あとの一～三人はまったく関心を示さない、あるいは関心を示しても実行に移さない……、といったところでしょうか。

この場合の医者がブッダに当たり、セミナー参加者が衆生《しゅじょう》（私たち一般人）に当たります。賢い人は専門家である医者の話をよく聞いて健康増進に励みますが、愚かな人は聞く耳を持ちませんから、相変わらず不摂生な生活を送ります。その結果、生活習慣病に侵されるリスクが格段に高まるわけです。

さて、この概念を応用して以下のようにいい換えることができます。

「どの世界、どの分野においても社会のルールを守らない自分勝手な輩《やから》が一定の割合で存在する……」

実際その通りで、世の中にはいくら注意しても、説得しても、なだめても、すかしても、脅しても……、生活態度を改めることなく愚行を繰り返す人がいます。

仕事でミスをする、物事に失敗する、他人に迷惑をかける、犯罪まがいのことを仕出かす等々、彼らには反省、後悔、罪悪感というものがまったくありませんから、どんどん悪の深みにはまってしまいます。

こうした人間を私は「超弩級《ちょうどきゅう》の愚か者」と呼んでいます。

さて、お釈迦様はこうした超弩級の愚か者とは決して手を組んではいけないといいます。ビジネスの場合ならなおさらです。

なぜならこの手の人間はルールを守らないのはもちろんのこと、時間、金銭、異性関係にもルーズで、いずれなんらかの問題を引き起こすことが予想されるからです。個人的にイヤな思いをするだけならまだしも、この手の人間はビジネスそのもの、人間性そのものを破壊する恐れがありますから、こうしたタイプの人間とは早々に手を切るのが賢明です。

「そんな愚かな人間でも長い目で見守ってやれば、いつかは更生するのでは……」

心優しい人はそう思うかも知れませんが、残念ながらその可能性はかなり低いといわざるを得ません。なぜなら生まれ持った性分というものは、そう易々と変わるものではないからです。

もちろん、本人が深く反省して本気になって更生したいと願うのなら話は別ですが、それ以外は麻薬といっしょで、なかなか性格改善は難しいと思います。

ただ、ここで私が対象にしているのはあくまでも「超弩級の愚か者」であって、一度や二度の過《あやま》ちでただちに愚か者と決めつけるのはよくありません。人間なら時には失敗することもありますし、また、魔が差して犯罪まがいのことを仕出かすこともあるからです。

問題は失敗や過ちに対して反省の姿勢があるかどうか、立ち直ろうとする意志があるかどうかです。それさえ確認できればもちろん長い目で見守ってあげることは必要だと思います。

とはいえ、それも三度までです。同じ愚行を三度繰り返したら、アウトです。その時点でその人物とはきっぱりと縁を切ることをお勧めします。

格言に「仏の顔も三度」とあるように、慈悲深い仏様でも三度までが限界なのです。人生を実りあるものにするためにも、人とつき合う際にはこうしたことを念頭においておくとよいでしょう。

立派な種を蒔けば立派な実が生る

浅はかな者は自分に対しても他人に対しても仇《かたき》のように振る舞う。愚か者がいくらよい種を蒔いても腐った実を結ぶだけだ。

ここでいう愚か者とはいわゆる「ひねくれ者」のことです。ひねくれ者は人の親切、善意がまったく通じません。通じないどころか、逆にすべてを悪意にとらえる傾向があります。

ひねくれ者の根底にあるのは、ズバリ劣等感です。それもかなり激しい劣等感です。激しい劣等感ゆえに、嫉妬心も強力です。

ネットなどの書き込みで、見るに堪えない、聞くに堪えない、人をメチャクチャに貶《けな》した書き込みを時々見かけることがありますが、その手の人は間違いなく嫉妬心の強い、ひねくれ者です。

もちろん人間ですから、誰でも天《あま》の邪鬼《じゃく》（劣等感、嫉妬心）的なところはありますが、それも限度があります。限度を超えた嫉妬心はもう天の邪鬼とはいいません。それは立派なひねくれ者です。

ところで私は、ひねくれ者には二つのタイプがあるように思います。ひとつは見た目そのままのひねくれ者です。こちらをＡタイプと呼ぶことにしましょう。Ａタイプは確かにひねくれていて嫉妬心も強いのですが、こちらはまだ救いがあります。なぜならＡタイプは劣等感を覆《くつがえ》そうとして、わざとひねくれ者を演じている可能性があるからです。

つまり、「自分はお前らとは違うんだ」と周囲にアピールしたくて（周囲の目を自分に向けさせようとして）、無意識のうちに反感を買う態度をとっているのかも知れません。

したがって、ひねくれ者ではあってもそれほど陰湿ではないような気がします。

始末が悪いのは「隠れひねくれ者」です。

こちらをBタイプと呼ぶことにします。Bタイプは人前では普通に振る舞います。腰も低く、一見常識人のように見えます。しかし一歩裏にいくと性格が激変します。とたんに悪意が鎌首をもたげてきます。嫉妬心もかなり強力です。

以前東京で、ある家の花壇が夜中にメチャメチャにされる事件がありました。「どこかの悪ガキのイタズラか……」くらいに思っていた家人でしたが、それが時をおいて繰り返されたため、家人は一計を案じて隠しカメラを花壇の周辺に設置しました。そうしたところ、犯行現場がカメラにバッチリ収まっていました。

犯人は近所の悪ガキではありませんでした。驚いたことに、犯人は近所のお寺のお坊さんだったのです。

理由はよくわかりませんが、どうやらその家に何らかの恨みを抱いていたようでした。それにしても仏に仕える身で人のお手本となる立場のお坊さんがそんなことをするとは驚きです。

このようにBタイプのひねくれ者は、表向きは常識家でも、裏へ行くととんでもないことを仕出かすことがあるので要注意です。

ネットに酷い書き込みをするのも、おそらくその手の人間の仕業でしょう。

これに対してＡタイプは、普段、外に感情をぶちまけているだけに、あまり裏表がないのです。

とはいえ、他人に不快感、実害を与えるのは同じですから、やはり許容するわけにはいきません。

全部が全部ではありませんが、彼らが種を蒔くとなぜか腐った実を結ぶのです。

やはり近づかないほうが賢明でしょう。

快楽は麻薬のように人の心を惑わす

賢い人は何ごとにも執着しない。快楽にも溺れない。またどんな苦しみ、楽しみにも動ずることがない。

私たち凡夫は、子に執着し、夫（妻）に執着し、地位に執着し、名誉に執着し、財産に執着し、快楽に執着し……、その他、この世のありとあらゆるものに執着します。そして執着の対象は価値あるもの、言葉を換えれば「自分にとって有益なもの」（快楽原則）と相場は決まっています。

社会生活を営んでいる以上、それはある程度仕方ないことだと思います。しかし、過度の執着はやはりよくありません。過度の執着は自分を傷つけ、さらに自分を見失ってしまうからです。

たとえば、お子さんです。親御さんならわが息子、娘に執着するのは当然です。しかし、その親子の関係が永遠に続くわけではありません。諸行無常の原理によって、いずれお子さんは成長して親元から巣立っていきます。その時に執着心が強ければ強いほど、それに比例して悲しみもまた一段と深くなります。

財産にしてもそうです。

今はいくらお金持ちでも、使えばいずれお金はなくなってしまいます。いや、不思議にお金は使わなくても、なぜか出ていくことが多いようです。地位や名誉にしても然りです。今はいい立場にいたとしても、いつまでもそのポジションを維持できるものではありません。

ビジネスの分野にしても、スポーツの分野にしても、はたまた政治の分野にしても、盛者必衰の原理によって必ず世代交代の時期がやってきます。

その時に執着心の強い人ほど、やはり悔しい思いをすることになります。

「権力は最高のエクスタシー」という言葉があるくらいですから、そうなった時にはやはり政治家が一番大きなダメージを受けるのかも知れません。

そこへいくと賢人は、不思議にそうした罠に陥ることがありません。

私たち凡夫と比べて、彼らは価値あるものへの執着心が極端に希薄だからです。

もちろん、賢人といえども生身の人間ですから、ある程度の執着心はあるものと思われますが、根本的に彼らは「諸行無常」の原理を悟《し》っているだけに、いざそうした段になっても、「この世は無常なのだから仕方ない」と諦観《ていかん》する（覚りあきらめる）ことができるのです。私たちのように、いざその場になって嘆き悲しむようなことは決してないのです。

また賢人はどんな苦しみに遭遇しようとも、どんな幸運に恵まれようとも、それで落ち込んだり、手放しで喜んだりはしません。これまた諸行無常の原理によって、喜びも悲しみも、いずれ過ぎ去ることを悟《し》っているからです。

究極は快楽です。快楽に溺れやすいのが凡人の常ですが、たとえ一時的に快楽に浸ったとしても、賢人の場合は自制心が強いため、いい加減なところで歯止めをかけることができます。

ゆえに快楽の罠に陥ることもありません。

ただ、誤解してほしくないのは、だからといって快楽や名誉心等を私は全面否定しているわけではありません。お酒や異性や物品に興味がなければ、歓楽街や産業界は閉塞してしまいますし、また名誉欲がなければ人は頑張って勉強したり、会社をつくったりはしませんから国は税収があがらなくなり、そうなれば当然の帰結として社会は破綻してしまいます。

快楽は人生の活力源であり、潤滑油でもありますから、ある程度必要なものといっていいでしょう。ただ、それらは磁石のような強力な「吸引力」を持っているため、どうしても人は我を忘れてのめり込みがちです。

そこで重要になってくるのが「中道」の精神です。

「溺れなければある程度の快楽は許される……」

「わが子がいずれ巣立っていくことを認識していれば、愛情を注いでも構わない」

「財産も地位も名誉も移ろいやすいものだと認識していれば、ある程度の執着は許される……」

そうした認識に立って中道を歩める人を「賢人」というのです。

快楽や執着を目の敵にして全否定するのは、逆に愚か者の行為です。

欲望を全面否定してはいけない

心は捉えがたく、欲望のままに勝手に振る舞う。常に心を制御して、平常心を保たなくてはならない。

平常心を乱すもの、それは「煩悩《ぼんのう》」です。煩悩とはひと言でいうと「智慧を妨げる心の働き」をいいます。大晦日に除夜の鐘を一〇八回鳴らすのは一〇八つの煩悩を消すためだといわれています。

さて、その煩悩ですが具体的には、欲、怒り、貪《むさぼ》り、愚痴、驕《おご》り、妬《ねた》み、邪心、虚栄等々をいいます。

考えてみれば、これらは人間なら誰もが持っているものです。

ゆえに親鸞聖人は「人間は煩悩の器」といったのです。それにしても人間が煩悩の器（入れ物）とは凄い表現です。

おそらく仏眼によって、親鸞聖人はそれを見抜いたものと思われます。それほど人間は煩悩に毒された愚かな生き物だということなのでしょう。

その愚かさによって目が曇り、自分を見失ってつい私たちは人生の罠にはまってしまうのです。

さて煩悩を突き詰めていくと、次の三つに集約されます。

いわゆる三毒と呼ばれるもので「貪《とん》・瞋《じん》・痴《ち》」がそれです。

貪《とん》とは「貪《むさぼ》り」であり、瞋《じん》とは「怒り」であり、痴《ち》とは「愚痴」をいいます。

要するに、必要以上に貪るな、怒りを爆発させるな、不平不満ばかりいうな……、ということです。

これら諸悪の根源を克服することが平安への道だと仏教では教えています。

ただ、三毒の最後の「痴《ち》」は、単に愚痴るという意味ではなく、本来は「無明《むみょう》」だとする説もあります。どうやらこちらのほうが正しいようです。

無明とは明りがなく、暗闇の状態を指します。いい方を換えれば「無知、迷妄」です。暗闇の中では人間は活動することができません。進むことも、退くこともできません。ヘタに動けばたちまちどこかにぶつかって怪我をしてしまうでしょう。最悪の場合は命を落とさないとも限りません。

しかし暗闇は本来存在するものではありません。暗闇＝灯りがない状態を指し、灯りを点《とも》せば暗闇はたちまち消えてしまいます。

般若心経の一節に、

「観自在菩薩《かんじざいぼさつ》　行深般若波羅蜜多時《ぎょうじんはんにゃはらみたじ》　照見五蘊皆空《しょうけんごうんかいくう》　度一切苦厄《どいっさいくやく》」（お釈迦様は瞑想によってこの世のすべてのものが空であることを悟った。その瞬間一切の苦悩が消えた）とありますが、これと同じで、暗闇を消すためには灯りを点《とも》せばそれでパッと解決するわけです。

その灯りが仏の智慧であり、その智慧を妨げているのが無明（三毒）だというわけです。そのためにも三毒を克服する必要があるわけですが、ではどうすれば三毒を消すことができるでしょうか。

簡単です。欲を捨てればいいのです。

諸々の欲があるから、また欲があってもその欲が満たされないために私たちは苦悩するわけです。ですから欲をなくせば一切の苦悩はパッと消えるわけです。

そのためには禁欲主義に徹する必要があります。原始仏教（小乗仏教）ではそう教えています。

しかし、大乗仏教にはそれに代わって「煩悩即菩提《ぼんのうそくぼだい》」（煩悩があるからこそ覚りへの欲求もある）という教えがあります。

つまり、人間は所詮煩悩の器なのだから、煩悩を消そうとすること自体が間違っている、それよりも消せない煩悩ならいっそそれをうまく利用して菩提（覚り）にしてしまえ——というわけです。

理想としては煩悩をなくすのがベストなのかもしれませんが、現実問題としてそれは不可能です。なぜなら煩悩＝欲は生きる原動力でもあるからです。

先にも述べたように、親鸞聖人もこの欲望のジレンマに陥って、かなり苦しんだようです。煩悩を消そうと思えば思うほど、逆に欲望が募ってくるのです。そこで親鸞聖人は覚りました。

「欲望は消せない。それならいっそ、このエネルギーを価値的なことに転化して……」と、そう思ったわけです。事実、親鸞聖人は戒律を破って妻帯しています。募る性欲を抑えきれなかったから、というよりも禁欲してそのことばかりに心を奪われるより、いっそ妻帯して心を落ち着かせて、他にエネルギーを注いだ方がよほど価値的なのでは……、と考えたのです。

そんなわけで、心の平安を得るためには煩悩をなくすのではなくて、逆に自分が煩悩の器であることを認めてしまうことです。

その上で「足るを知る」を心がけることです。

大乗仏教の基本は「こだわるな！」ですから、煩悩を消すことばかりにこだわっていると、却って心の平安を失ってしまうのです。
ここでも中道の精神が重要になってきます。

怒ると体に毒素が発生する

むやみやたらに怒ってはいけない。怒りは不幸を運んでくる。怒りに打ち勝てば平穏と安らぎが訪れる。

アメリカ、ハーバード大学のエルマ・ゲイツ教授は、自身の研究から、「人間が腹を立てると唾液から毒素が発生する」と述べています。ゲイツ教授の研究によると、人間の息をガラス管に通して冷やしてやると、沈殿物ができます。その沈殿物が、人間の感情によって色が変わるというのです。ちなみに感情による色の変化は次の通りです。

●怒っている人の沈殿物 ―――― ブラウン

●苦しんでいる人の沈殿物――――グレイ
●悔やんでいる人の沈殿物――――ピンク
●悲しんでいる人の沈殿物――――ブルー

そしてこの怒っている時のブラウンの沈殿物をモルモットに注射すると、なんと一時間以内に死んでしまうといいます。

ゲイツ教授はこの実験結果から、

「食事中は決して怒ってはいけない」

と忠告しています。

怒ると唾液から毒素が生じるとは、にわかには信じがたい話ですが、怒りの感情は凄まじいですから、もしかしたらそんなことがあるのかも知れません。

よく会社でも自宅でも不平不満をいって怒ってばかりいる人がいますが、このような人は遅かれ早かれ病に倒れる確率が高いといえます。

なぜなら、彼は自分で毒をつくって、自分で飲んでいるからです。

ところで、レイ・フリードマンとメイヤー・フリードマンの二人の心臓専門医によれば、人間には大雑把に分けてA、B、Cの三つのタイプがあるといいます。

ちなみに「タイプA」とは、概ね次のような性格の人間を指します。

――攻撃的、挑戦的、競争的、精力的、野心的、出世欲が強い、せっかち。

一見しておわかりのように、ビジネスマンとしては成功型の人間だといっていいでしょう。ですが残念ながら、このタイプは病気とトレードオフの関係にあります。

なぜなら、このタイプは常に時間に追われ、そのためイライラが多く、さらに攻撃的で競争相手に敵意を抱きやすいからです。

敵意を抱けば当然怒り狂うこともあるでしょうから、勢い、多くのストレスを受けて病気になりやすいのです。

事実、フリードマンは、「タイプA」の人間は心筋梗塞などの心疾患にかかりやすいと述べています。

「タイプB」は「タイプA」と違って、攻撃、競争、イライラ、怒りとは無縁の存在です。出世タイプではありませんが、健康に関してはもっとも保持しやすいタイプだとされています。

最期の「タイプC」はお人好し、真面目、几帳面、我慢強い、自己犠牲……が特徴で、どちらかというとガンになりやすいタイプだとされています。

さて、あなたはどのタイプでしょうか。もちろん三つのバランス型が一番理想的なわけですが、なかなかそうもいきません。

もしあなたが「どちらかというと自分はタイプAの範疇《はんちゅう》かな……」と思うようでしたら、よくよく気をつけて下さい。

健康保持のためにも意思の力で「タイプB」に転身するよう心がけてください。

大火事に発展しないために火の小さいうちに消す

ムカッと来たら、一〇数えなさい。それでも収まらなかったら、二〇数えなさい。

カッと来たら、意識的に深呼吸してみましょう。

そして心の中で一〇数えてみましょう。

多分、切れるほどの怒りは収まるはずです。それでも収まらなかったら、もう一〇プラスして数えてみましょう。二〇数えれば、ムカつきは収まらないとしても、炸裂するほどの激しい怒りは収まるはずです。


激高した時は理性を失って取り返しのつかない行動に出かねませんので、注意が必要です。

ただ、矛盾するようですが、だからといって何がなんでも怒りを抑えればいいというものでもありません。人間ですから時には怒ること（感情の吐露）も大切です

なぜかというと、精神科医でゲシュタルト療法の創始者フレデリック・パールズ博士がいっているように、

「怒りの感情は凄まじいだけに、長年抑え込んだままにしておくと体内で悪さをし始める……」からです。

実際怒りの抑え込みは、前述の「タイプC」にあたります。

長年お人好しを演じて、他人からの理不尽な行為に反論もしないで我慢ばかりしていると、体の中で毒素が暴れて本当に病気になってしまうかも知れません。

そうならないためには、怒りの感情を溜め込まないことも大切です。

空のビール瓶にヤカンで少しずつ水を注いでいくと、段々水が溜まってきて、やがて瓶のクビの部分に到達すると水があふれ出します。この状況を「ティッピング・ポイント」（臨界点）といいます。

臨界点まで放っておくと原発ならメルトダウンを起こして大変な事態を招いてしま

います。これと同じで、怒りを瓶からあふれ出させないためには、時々（ビール瓶の水が半分くらい溜まった辺りで）、一度水を吐き出してやる必要があります。問題は吐き出し方です。もちろん切れてはいけませんし、相手が理不尽だからといって攻撃的になってもいけません。

ここで重要になってくるのが、アサーションという技法です。アサーションとは、相手を尊重しながら自分の意見もしっかり伝えるコミュニケーション技法のことをいいます。この方法だと一方的な攻撃ではなくて、相手の意見も尊重していますから、多少自己表現をしてもそこでケンカになることはほとんどありません。それで相手が受け入れてくれれば、和解してお互いがスッキリするはずです。以下にアサーションについて、いくつかポイントを挙げておきますので参考にしてください。

〈アサーションの技法〉

●自分の今の気持ちや、相手に改善してもらいたいことを、正直に、しっかり相手に伝える。

●その際、決して感情的、攻撃的にならない。
●相手の立場や意見を尊重しながら対応する（当然立場の違いから意見の食い違いが出てくるが、それも想定しておく）。
●命令調ではなくて、お願いするスタイルを採る（へりくだりすぎない）。
●ノンアサーティブ手法（自分の感情を押し殺して相手に合わせる）は禁忌。
●相手の予想外の言動にあわてない、切れない、意識して冷静に対応する。
●相手が明らかに間違っていても、そこを舌鋒鋭く指摘しない。
●自分に素直になり、相手には誠実に対応する。

理不尽な目に遭って、それが何度も続いているにもかかわらず、トラブルを避けたいがために我慢しているのが一番よくないのです。

いずれそのムカつきは怒りに変わり、激高に変わり、やがて臨界点に達すると切れて、収拾のつかない事態に発展しかねないからです。

大火事に発展しないためにも、やはり火は小さいうちに消しておくのがベストです。

老いと死を見つめる

老いや死を恐れる必要はない

若くはつらつとした健康体も、やがては年齢とともに痩せ衰えてゆく。

この言葉は非常に厳しいものがあります。

頭ではわかっていても、この言葉を真の意味で受け入れられるのは、文字通り覚りを啓いたブッダだけでしょう。

でも、この部分を抜きにして仏教は語れません。仏教の究極のテーマは老病死にあるからです。ちなみに老いと病と死の三者はリンクしています。

老いるから免疫力や防衛力の低下等によって病気になるのであり、さらに病気の悪化によって死に至るわけです。そういう意味では老いも病も死も同義の恐ろしい存在だといえます。

「そんなの受け入れたくない！」といっても、これが現実なのですから、どうしようもありません。非常に難しいことではありますが、仏教ではこうした現実を受け入れることが、覚りへの第一歩だとしています。

ところで、三年ほど前のことですが、学生時代の友人と四〇年ぶりに再会する機会がありました。その時に友人もそうでしたが、私も腰が抜けるほど驚きました。互いの風貌が学生時代のそれとまるっきり違っていたからです。

考えてみれば四〇年も経っているのですから当たり前なのですが、どうしても若き日のイメージが抜けきれなかったために、そんな笑い話のようなことになってしまったのでしょう。

もちろん再会前には、心の中で年齢を四〇プラスしてイメージしてはいたのですが、現実はそれ以上に厳しいものがありました。

「これがあのＴくん？　まさか……⁉」

まさかも何も、正真正銘のＴくんでした。おそらくＴくんも同じ想いだったに違いありません。

この時私はつくづく思いました。

「人間は知らず知らずのうちに歳をとっていくものなんだなぁ……」

その時の友人はまさに私を写す鏡でした。毎朝自分でも鏡を見てそれなりに加齢を認識していたはずなのですが、おそらく無意識のうちに割り引いて見ていたのでしょう。これも先に紹介した「自己奉仕バイアス」の一種です。

それはさておき、その友人と話していて、病床に臥せっている共通の知人が二人もいることがわかりました。実際考えてみれば、私の周囲にも同年代で病に苦しむ人は結構います。それどころか、四〇代、五〇代の若さであの世へ旅立つ人さえいます。

こう考えると、

「いつ自分がそんな事態に陥っても不思議はない……！」

そんな不安に襲われるわけですが、しかし仏教では老、病、死を恐れる必要はないといいます。老、病、死は災いでも事故でもなんでもなく、「満《み》つれば欠ける月」「朝陽は登り、夕陽は沈む」と同じで、単なる自然現象にすぎないといいます。

前章で「消せない煩悩を消そうとするから、よけい煩悩に苦しむのだ。それならいっそ煩悩を受け入れて……」といいましたが、この場合も老いや病を恐れるのではなく、また否定するのでもなく、まずは老いを受け入れて、そして老いと上手につき合っていくことが大切です。

そのためには矛盾するようですが、老いを受け入れつつも、あまり自分を老人扱いしないことです。

それについては、聖路加国際病院の名誉理事長をつとめた医学博士の故日野原重明先生をお手本にされるといいでしょう。

日野原先生は二〇一七年に一〇五歳で亡くなられましたが、現役のときは一〇〇歳を超えても本業の他にも、講演、執筆、演劇等で大忙しの毎日を送っていました。

おそらく日野原先生は自分のことを、一〇〇歳の老人だなどとは決して思っていなかったはずです。

日野原先生のあの「老い」をものとしない生き方・考え方こそが、仏教でいうところの覚りの境地だと私は思っています。

この世には「エントロピーの法則」（熱力学の第二法則）があり、「秩序から無秩序へ」「美から醜へ」、「若きから老いへ」は、避けられないどうしようもないことなのです。

であれば何度もいうように、受け入れて楽しむほかはないのです。

世間では老い＝悲惨と考える人が多いようですが、老いを認めて早めに準備さえしておけば、却って充実した老後を送れるのです。

学びは健康を増進させる

学ばない者は牛のように老いる。老いても学びを忘れない者はいつまでも若々しい。

ことわざに「笑う門には福来たる」とありますが、もうひとつ私は「学ぶ者にも福来たる」を提案したいと思います。

学びは何も若者の専売特許ではありません。平均寿命が大幅に伸びている昨今にあっては、高齢者も今後は大いに学ぶべきだと思っています。

趣味の学びでも、資格取りでも、語学やパソコンの勉強でも何でも構いません。とにかく勉強＝頭脳鍛錬をお勧めします。頭を使うと、年齢に関係なく脳が活性化する（脳神経細胞が新生する）ことが最近の研究でわかっています。

脳が活性化すれば、当然思考能力もアップしますから、うつ病や認知症防止にも役立ちます。また脳の活性化によって動きもシャープになって若々しく見えますから、再就職の可能性も出てきます。

「私は年金生活者だから、再就職などしなくても……」

生活ができる、できないレベルの話ではありません。

年金生活者はどうしても自宅にこもりがちですが、それが一番よくないのです。老化を一気に促進させてしまいかねません。外に出て働けば、脳のさらなる活性化とともに体も強くなりますから、健康増進にもつながります。

元国際ビジネスコミュニケーション協会会長（ＴＯＥＩＣ会長）の渡辺弥栄司さんがそうでした。渡辺さんは六〇歳の時（一九七七年）に、一二五歳まで生きる決意をしたといいます。自らの決意にしたがって、六三歳の時に弁護士を志し、なんと六五歳で見事に司法試験に合格しています。

それにしても六三歳で弁護士を志し、二年後には司法試験に合格したというのですから、驚きです。

さらに六九歳で本格的に英語に取り組み、八〇歳でパソコン、八三歳で中国語学習を再開、そして八五歳にして健康体操・真向法一〇段に昇進しています。

残念ながら二〇一一年に九五歳で亡くなられましたが、渡辺さんの口癖は「夢を持てば生命力は盛んになる」でした。

一二五歳には届きませんでしたが、渡辺さんの長寿の秘訣はやはり目標を持って勉強や運動に励んだことだったのではないかと私は思っています。

勉強だけとは限りませんが、とにかく夢や目標を持って前向きに生きる人は、老化を遅らせ、いつまでも若さを保つことができるのです。

完全燃焼して生きよう

死を恐れる者は、死の本質を知らぬ者である。真理を覚った者は死を恐れなくなる。

私たちはなぜ死を恐れるのでしょうか？

それは死ねば自分という存在が、この世から消えて無くなってしまう……、おそらく、そう考えるからなのだと思います。

肉体はもちろん、魂も、精神も、すべてがこの世から跡形もなく消え去ってしまう……、確かにそう考えるとおそろしくなりますね。

前項で、老いと病と死は同義だといいましたが、老いよりも、病よりもさらに死は受け入れ難い存在です。

でも、どんなに受け入れ難くても、死は間違いなくやってきます。この世で「絶対」はないといいますが、死だけは絶対です。一〇〇％確実にやってきます。

だとしたら、どんなに受け入れ難くても、やはり受け入れるほかはないのではないでしょうか。

でも、あまり心配しないでください。仏教にはすでに説明した「輪廻転生《りんねてんしょう》」、「極楽浄土」という思想もあります。

これはキリスト教でいえば「天国思想」とほぼ同じですが、私は人間の死は単なる肉体・個体の死であって、生命そのものの死ではないと思っています。生命、つまり魂は永遠に続くものだと思っています。

それはさておき、たとえそうだったとしても、死ねばとりあえず「私」という存在はこの世から消えて無くなるわけです。平均寿命から数えて、あと何年残っていると考えても、それもうまくいけば、の話です。

人間の運命なんてわかりませんから、ヘタをしたら一年以内に事故か病気で亡くなるかも知れません。いや、厳密にいえば明日生きているかどうかさえわかりません。一寸先は闇なのですから。

でも、そこまで悲観的に考えなくてもいいでしょう。一応普通に考えて、あと○○年ということにしておきましょう。

あと○○年！

非常に寂しいことではありますが、私としてはこの○○年を私に与えられたミッションを果たすべく、完全燃焼して生きようと思っています。


先ほど「老、病、死」は満つれば欠ける月と同じで、単なる自然現象にすぎないといいましたが、実際その通りで、死は昼間働いて疲れた体を癒すために夜眠りに就くようなもので、ごく自然なことなのです。

これについては『大往生したけりゃ医療とかかわるな』（幻冬舎）の著者の中村仁一医師も「どうせ免れない死なら抵抗しない（医療に関わらない）ほうがいい……」旨のことを述べて、死を肯定しています。以下、氏の言葉に耳を傾けてみましょう。

「人間は、生き物である以上、老いて死ぬという運命は免れません。先端医療といい、再生医療といい、所詮、『老いて死ぬ』という枠内の話です。年寄りはあまり近づかない方がいいと思います。あまり医療に依存しすぎず、老いには寄り添い、病には連れ添う、これが年寄りの楽に生きる王道だと思います。

年寄りの最後の大事な役割は、できるだけ自然に『死んでみせる』ことです」

さすがにたくさんの人の死を看取ってきているだけに、違います。中村医師の言葉に出会って、私もかなり勇気づけられました。

とはいえ、理屈では確かにその通りなのですが、感情の抵抗に遭って私のような凡夫はなかなか死をすんなりとは受け入れられません。

そこでそういう人たちのために、中村医師は死の予行演習「模擬葬儀」を提案しています。

実は中村医師は、市民グループ『自分の死を考える集い』を主宰しているのですが、『集い』が四年目に入った時「死装束ファッションショー」と「模擬葬儀」を企画・実践しています。

実際に死装束を着て、鼻の孔に綿を詰めて棺桶に入り、記念撮影の後、蓋を閉めてもらって死を体感するというものです。氏のみならず、その日一二人の棺友？　がそれを実際に行ったといいます。

そうやって死を先取り、体感して、死への恐怖感を和らげようという意図だと思います。チョッピリ、いや、かなり過激ではありますが、確かにこの方法は効果的だと思います。スポーツでも、ステージでも、プレゼンでも、事前にリハーサルをすることによって比較的本番をスムーズにこなせることができますが、それと同じです。

それにしても死装束ファッションショーとは恐れ入った次第です。

相当気丈な人でなければ到底できる芸当ではありません。というよりも、死の本質、真理を覚っているからこそ、そんな大胆なことができるのでしょう。

電車に乗ればいずれ終着駅に到着します。その時に「いやだ、まだ乗っていたい」といって降車拒否したところでどうなるものでもありません。

終着駅に着いたら、さっさと降りるのが一番です。抵抗して降りなければ、寄ってたかって引きずり降ろされるだけなのですから。

「ああ、自分の人生は素晴らしかった」

うつつを抜かしているうちに人生は幕を閉じる。仕事が未完成のうちにお迎えがやってくる。

織田信長は「人間五〇年……」と謡いましたが、二〇一九年の日本人の平均寿命は男性八一・四一歳、女性八七・四五歳で、概ね三〇年ほど伸びています（二〇一九年簡易生命表：厚生労働省発表）。

さて、八〇年という歳月が果たして長いのか、短いのか？

よくわかりませんが、あくまでも生まれや環境、各人の感覚に左右されますから、人によって相当差があるものと思われます。

事実、ドイツの詩人シラーは「人生は退屈すれば長いが、充実すれば短い」といっていますし、明治生まれの小説家、中島敦も、

「人生は何ごともなさぬにはあまりにも長いが、何ごとかをなすにはあまりにも短い」

といっています。またイギリスの詩人W・Eヘンリーも、

「人生とは何か？　それを知る前に人生はもう半分過ぎている」

といっています。

面白い映画やドラマなら、あっという間に終わってしまいますが、つまらない映画だとだらだらしてかなり長く感じられます。それと同じで、充実した人生を送った人は短いと感じるのでしょうし、退屈な人生を送った人はきっと長いと感じるのでしょう。

それにしても最後のヘンリーの言葉はショッキングです。

「あれこれ、くだらないことを考えているうちに人生は半分終わってしまう……」

三〇代では（目標が達成できなくても）「まだまだ時間がある」と思っていました。四〇代では「まだ間に合う」と思っていました。五〇代に入った時にはさすがに「ちょっとまずいな……」と思ったものの、それでも心のどこかで「まだ大丈夫、今から頑張れば何とかなるだろう……」

と楽観視していました。そして、大した実績を残せないまま、とうとう六〇代に突入してしまいました。

もっとも私は、どんな事態に陥っても希望を捨てないほうですから、今でも「そのうちに一旗挙げてやる！」と思っていますが、客観的に見ればやはり五〇代に突入するまでに、確固たるポジションを築いておくべきだったと思っています。

人生には罠がたくさんあります。

そのひとつが「まだまだ時間がある」「まだまだ自分は若い……」そういう罠です。これは誰もが陥りやすい罠だといえるでしょう。

若い時にはどうしても自分がヨレヨレの老人になるなんて、理屈ではわかっていても、感情が反発してなかなか実感できないものです。

けれども老いは間違いなくやってきます。それもあっという間にやってきます。三〇を過ぎれば四〇はすぐです。四〇を過ぎれば五〇はすぐです。そして五〇を過ぎれば……、もうおわかりですね。まさに「光陰《こういん》矢の如し」です。

もう一度W・Eヘンリーの言葉に注目して下さい。

そうです。何ごとかをなすには、人生はあまりにも短いのです。それでも、そこそこの夢や目標なら何とか生きているうちに達成できますが、これがでっかい夢・目標ともなると、途中で時間切れになる可能性が高くなります。

そうした愚を犯さないためには、なるべく若いうちに計画を立てて、実行に移す必要があります。

人生の幕が閉じる前にぜひとも目標を達成して、今際《いまわ》の際《きわ》にはこんな言葉を残してあの世に旅立ちたいものです。

「ああ、自分の人生は素晴らしかった！　最高に満足のいく人生だった！」

第3章

安らかな心になれる仏教のたとえ話

鬼に身を捧げた少年

——むかし雪山童子《せっせんどうじ》という求道少年がいました。

少年は真実を覚り、それを多くの人たちに広めたいといつも思っていました。

ある日少年が山の中で修行していると、どこからともなく心地よい詩句が耳に飛び込んできました。

「諸行無常、是生滅法……」（森羅万象すべて移ろう。変わらないものは何もない。また、生じたものは消滅するのが自然の理である……）

雪山童子は誰の声だろうと思って辺りを見回しましたが、人影は見当たりません。

かわりに恐ろしい鬼の姿が目に飛び込んできました。

なんと、心地よい詩句は、その鬼が唱えていたのです。これこそ自分の求めていたものだ！　と思った童子は、勇気をふるってその鬼に近づいていきました。そして鬼にいいました。

「どなたかは知りませんが、ボクは真実を求めて修行している者です。どうか今の詩の続きを聞かせてください」

するとと鬼は続きを聞かせる条件に、童子の体を要求してきました。空腹なので雪山童子の体を食べさせるなら聞かせてやるというのです。なんとしても真実の法を知りたかった童子は、これに応じます。

「ボクの体なんかどうなっても構いません。ぜひその尊い詩の続きを聞かせて下さい」

再び鬼が詩句を唱え始めました。

「生滅滅已、寂滅為楽……」

童子は感激し、その詩句を岩や樹木に手当たり次第書き込みました。

「自分は今からこの鬼に身を捧げる。そうなるとせっかく覚った真理を多くの人たちに伝えることができない。ならば……」

そう思ったからです。

すべて書き込んだところで、童子は約束通り高い木に登ってそこから飛び降りました。もちろん、鬼に食べられるためです。

ところがなぜか、童子の体は地上に激突することはありませんでした。鬼が童子の体を途中で受け止めたからです。

実は鬼は帝釈天《たいしゃくてん》の化身だったのです。童子が本物の求道者かどうかを試したのでした。帝釈天は童子の体をゆっくりと地上に下ろすと、その場にひれ伏していいました。

「あなたこそ本物の求道者であり、真理を覚られる方です。のちに世の光となってどうか私たちを涅槃《ねはん》へとお導き下さい」

なんとこの雪山童子こそ、のちの世のお釈迦様だったのです――。

帝釈天とは、もともとは古来インドの神様ですが、仏教では仏教の守護神とされています。梵天《ぼんてん》を加えて二大守護神といいます。

結局、雪山童子（お釈迦様）の真理を覚るためなら命までも投げ出すという求道心の強さに感動して鬼（帝釈天）は空中で童子を受け止めたわけですが、これがもし童子の求道心が中途半端なものだったら、おそらく鬼は童子に手を差し延べなかったに違いありません。もっともそれ以前に、（中途半端な修行だったら）童子は身を投げなかったと思いますが……。

これを俗世間に置き換えて考えると、以下のようなことがいえると思います。

「物事を成し遂げるためには、ほとばしる情熱と真剣さが必要である！」

荷車を壊した牛の嘆き

――ある日お釈迦様は托鉢の途中で、橋の上から身を投げようとしているひとりの娘に遭遇しました。お釈迦様がそばに駆け寄って「待ちなさい」といって止めると、娘は涙ながらにこう訴えました。

「どうぞ止めないでください。私は生きている価値のない女です。好きな人には捨てられ、お腹には赤ちゃんがいます。親からも勘当されました。苦しいことばかりです。もう生きてはいけません。どうぞこのまま死なせてください」

するとお釈迦様は娘にこんなたとえ話をされました。

あるところに一頭の牛がいた。牛は毎日重い荷を積んだ荷車を朝から晩まで引かされていた。ある日、牛は労働に嫌気がさして、なんとか逃れる手立てはないものかと考えた。

「そうだ！　悪いのはこの荷車だ。これさえなくしてしまえば明日からもう荷を引かされることもなくなるだろう」

そう思って牛は、大きな岩に突進していって荷車を壊してしまった。

「やれやれこれでやっとラクになれる……」

ところがそうはいかなかった。それを見た主人が「よし、今度は絶対に壊れない頑丈な荷車を作ってやる」

といって、前にも増して大きな荷車を作ったからだった。

大きいだけに重さも前の倍以上あった。

「しまった。こんなんだったら、荷車を壊すんじゃなかった」

牛は後悔したが、遅かった。次の日から牛は、さらに重労働を強いられる羽目になった。

この後、お釈迦様は、こういって娘を諭しました。

「そなたは死ねば楽になれると思っているのであろうが、そうではない。自ら命を絶てば、今以上の苦しみの世界（地獄）が待っている。今の牛がそのよい例じゃ。牛が荷車を壊したことによって前以上の苦しみを背負わされたように、自ら命を絶てばそれが悪いカルマとなってよけい苦しむことになる。

命を大切にすることじゃ。そして全力を尽くして人生を生きぬくことじゃ。そうすればいずれ諸々の苦悩から解放されるであろう」――。

さて、この話は私たちに何をいわんとしているのでしょうか。

ズバリ、今の苦しみから逃げても無駄であり、さらに逃げれば逃げるほど苦しみは大きくなって追いかけてくる！　ということを教えています。

牛も、自殺を図ろうとした娘も、不幸の原因を自分ではなくて他のモノや人に転化していますが、実は不幸の本当の原因は自分自身にあるのです。

『因果経』にはそれを示唆してこう記されています。

「前世の因を知りたかったら現在の自分を見なさい。後世の果を知りたかったら現在の自分の行いに注目しなさい」（口語訳）

これをさらに噛み砕いて述べると、以下のようになります。

「あなたが現在不幸なのは過去にあなたが幸福になろうと努力してこなかったからです。怠けてばかりいると今後もその不幸は続きますよ。将来幸福になりたかったら、今が大切です。今頑張って努力するしかありません」

こんな感じでしょうか。もちろん、世の中には個人の努力だけでは解決できないこともたくさんありますが、それでも努力は大切です。小さな努力の積み重ねが、結局は大きな幸運を呼び寄せることになるからです。

それなのにほとんどの人は不幸に恐れをなして、あるいは怠けからかも知れませんが、途中で逃げ出してしまいます。するとどうなるか？

「逃げていったのなら、ま、仕方がないか。この辺で許してやるか」といって厄病神があきらめてくれるでしょうか。そんなことはありませんね。

結局、降りかかった火の粉は自分で振り払うしかないのです。

いい方を換えれば、不幸に対しては逃げるのではなく、自力で真正面からぶつかって克服するしかないのです。これが有名な「自燈明《じとうみょう》」の教えです。

さて、今のお釈迦様の諭《さと》しにはもうひとつ、仏教特有の「輪《りん》廻《ね》転《てん》生《しょう》」の思想＝「生命永遠説」が展開されています。

現世に牛となって生まれて荷車を引かされるのも、娘が幾多の不幸に遭遇して苦しむのも、すべては過去世のカルマのなせる業《わざ》だと仏教では教えています。

対機説法と応病与薬

——ある村での出来事です。お釈迦様のところへ男Aが、人生相談にやってきました。

「かくかく、しかじか……、そんなわけで右に行こうか左に行こうか迷っています」

お釈迦様は、即座に応えました。

「右に行きなさい。解決の道は右にあります」

次の日、男Bが、お釈迦様のところへ人生相談にやってきました。

「かくかく、しかじか……。右に行こうか左に行こうか迷っています」

するとお釈迦様は、

「左に行きなさい。解決の道は左にあります」と反対のことをいいました。

さらに次の日、男Cがお釈迦様のところへやってきました。

質問内容は概ね同じでしたが、お釈迦様は今度は、

「左右どちらでもない。真ん中の道を行きなさい」

といいました。

こうしたお釈迦様の応答に、村人の間から、不満の声が挙がるようになりました。

「お釈迦様はその都度違うことをいう。いったいどの言葉を信用したらいいのだろうか……」

その不満の声はやがてお釈迦様の耳にも届き、そこでお釈迦様は村人を集めてこういいました。

「私はデタラメをいっているのではありません。同じ内容の質問に毎回違う答えを出すのは、その者の行いや性格を考えてのことです」

これには一同、なるほど！　と納得しました——。

「対機説法」「応病与薬」……、これがお釈迦様の説法の特徴です。人を見て法を説け、

という言葉がありますが、お釈迦様もまさに人を見て法を説いたわけです。すなわち、怠け者に対しては、

「怠けていてはいけません。もっと頑張りなさい。精進しなさい」

といい、体が壊れるほど頑張りすぎる者には、

「どうしてそんなに頑張るのですか。もっとゆったりと暮らしなさい」

と、アドバイスしたのです。なぜならお釈迦様は「中道」がもっとも大切であり、極端は無意味かつ、危険であることを六年間の苦行、難行の体験から悟《し》っていたからです。

確かにギターの弦は、強く張りすぎればいい音が出ないばかりか、そのうちに弦は切れてしまいます。逆にゆる過ぎれば弦は切れないかも知れませんが、決して人の心を打ついい音楽は奏でることができません。人間もいっしょです。お釈迦様はバランスの重要性をここで訴えているのです。

仮にあなたのところへ、歌手志望の青年が二人来たとします。

Aはハンサムでしたが、肝心の歌のほうはお世辞にも上手とはいえません。

ところがBはルックスこそパッとしませんでしたが、歌のほうは抜群でした。

となればあなたは二人にどのようにアドバイスしますか。

当然Bに対しては「音楽の道へ進みなさい」といい、Aには「俳優を志しなさい」と、きっというでしょう。

これこそが「対機説法」、「応病与薬」の典型といっていいでしょう。

道徳にせよ、健康にせよ、仕事にせよ、快楽にせよ、決して両極端に走ってはいけないのです。文字通り「いい加減」(デタラメという意味ではなく、ちょうど良い加減)が一番いいのです。

大黒様に叱られた農夫

——むかしある村に、田吾作という怠け者の農夫がいました（名前は筆者がつけました）。

田吾作は仕事が大嫌いでしたが、働かないと食べていかれないので、やむなく一日おきに畑に出て働きました。

「あ～あ、いやになっちゃうよなぁ。なんとか遊んで暮らせる方法はないものかなぁ……」

夕方、クタクタになって家に帰る途中、田吾作は通りすがりの旅人に声をかけました。旅人があまりにも嬉しそうな顔をしていたからです。

「お前さん、嬉しそうな顔しているけど、なんかいいことでもあったのかね」

旅人は即座に応えます。

「もちろんだとも。今、大黒様にお参りしてきたところでね」

「大黒様にお参りすると、何かいいことでもあるのかね」

「お前さん、知らないのかい。大黒様は財富の神様だからね。お参りするとお金持ちになれるのさ」

「お金持ち⁉」


それを聞いた田吾作は、次の日さっそく仕事を放り出して大黒様の祀ってある神社へ急ぎました。大黒様の話は以前にも聞いたことがありますが、それが財富の神様だとはまったく知りませんでした。

田吾作の家から大黒様の神社までは二〇里（八〇キロ）ほどありましたが、お金持ちになれると思うと嬉しくて、距離はまったく苦になりませんでした。

朝出発して夕方やっと目的の神社に到着しました。田吾作は、さっそく大黒様の前に跪《ひざまず》き、手を合わせて拝みました。

「大黒様、おねげぇです。どうかオラを大金持ちにしてくだせぇ……」

するとどこからともなく、本物の大黒様がスーッと現れていいました。

「この愚か者めが」

「はぁ……!?」

「お前みたいな怠け者のいうことなど聞けぬわ」

「……!?　……!?」

「わしが財富の神になれたのはなぜだと思う」

「それは、大黒様が打ち出の小槌を振って、たくさんの宝物を生み出したからでは……」

「バカモン！　そんな魔法を使ったのではない。わしはこの打ち出の小槌をコツコツと叩いて一生懸命働いたのじゃ。だからこの袋の中をたくさんの宝物でうめることができたのじゃ」

「……!?　……!?」

大黒様はさらに続けました。

「田吾作、わしの顔が黒いのはなぜだかわかるか」

「さぁ……」

「それはわしがこれまで太陽の下で汗水垂らして一生懸命働いたからじゃよ。だから陽に焼けて顔が黒くなって皆が大黒天と呼ぶようになったのじゃ。

それに比べてお前は色が白いのぉ。いつも怠けてばかりおるからじゃよ。そんな怠け者に用はない。金持ちになりたかったら、さっさと帰って明日から太陽の下で一生懸命働くことじゃ。わかったか！」

これには返す言葉もなく、田吾作はそのまますごすごと引き下がるほかはありませんでした――。

さて、不思議という他はありませんが、世の中には田吾作のように物事を自分の都合のいいように考える人がたくさんいます。

お金持ちになる、あるいは幸福を呼び込むためにはボトムアップ方式でコツコツ働いて下層から積み上げていく必要があるのですが、ほとんどの人はそれを嫌ってなんとかトップダウン方式で簡単に宝物を手に入れようとします。

これを心理学では「ヒューリスティック」といいます。

その代表的なものが「神頼み」です。自分は努力しないでおいて、神様に祈ってなんとか願いを叶えてもらおうという魂胆です。

いわゆる「タナボタ方式」です。これは九九％の確率で実現しません。なぜなら神様は自己努力を怠る者、自助の精神のない者が大嫌いだからです。したがってヒューリスティックでどんなに祈っても、効果はほとんどないといっていいでしょう。仏教に「自燈明・法燈明」という言葉がありますが、神様が手を差し伸べてくれるのは、他人をいっさい当てにせず、自己の燈明を頼りとしてコツコツ努力する者と相場は決まっています。

ただ、だからといって、祈りに効力がまったくないというわけではありません。祈りは時として絶大な効果を発揮します。でもそれは今もいったように、自燈明の精神に立って最大限に自己努力がなされた場合に限られます。田吾作のように神頼み一本槍では、かえって神様から嫌われてしまいます。

いずれにしても神頼みを成功させるためには、祈る前に行動を起こすことが大切です。もちろん、目標を立てて先に祈っても構いませんが、その場合祈ったあとには、必ず願いごとに沿ったアクションが必要です。

「祈りと行動」「行動と祈り」、これがセットになった時、何ごとも事態が大きく動き始めるのです。祈りだけで何かをしようとすると必ず失敗します。

マーフィーの法則がそれを証明しています。

マーフィーの法則は間違いではありませんが、想念するだけで（アクション無視）……というところに問題があると想います。

オウムの火消し

――ある森に一羽のオウムが棲んでいました。
オウムは、森のたくさんの動物たちと毎日平和に暮らしていました。
ある日、森に異変が起きました。
心無い人間の火の不始末によって、森が火事になってしまったのです。
「火事だぁ～！　みんな逃げろ～！　早く逃げろ～！」
オウムはみんなに知らせようと、大声を出して森の中を飛び回りました。
ところが不思議なことに、誰もこの火事に気づく者はいません。
そのうちに、火の手は段々広がっていきます。
オウムは一段と大きな声で森中を飛び回りますが、やはり同じでした。みんな遊びに夢中でまったく火事に気づきません。

「ダメだ！　このままではみんな焼け死んじゃう」

矢も盾もたまらず、オウムは地上に急降下して麓《ふもと》の沼にザブン！　と飛び込みました。そして、沼の水を羽根にたっぷり浸み込ませると、そのまま急浮上して森の上から羽根をばたつかせて散水したのです。

これを何回も、何回も繰り返しました。その甲斐あって火は徐々におさまって……、といいたいところですが、その程度のことでモンスターのように燃え盛る炎が消えるわけがありません。

まさに焼け石に水でした。

にもかかわらず、オウムはいっこうに火消しをやめようとはしませんでした。無駄と知りつつも、仲間を救いたい一心で狂ったように火消しを続けました。

その時、森の神様が現れて、オウムにいいました。

「オウムよ。なぜお前はいつまでもそんな無駄なことをしておる。もう終わりじゃ。お前も早く逃げるがよい。さもないとお前まで焼け死んでしまう」

これに対してオウムはきっぱりといいました。

「無駄でもなんでも、ボクは火消しを続けます。やらずにはいられないんです」

次の瞬間、スコールのような激しい雨が森に降り注ぎました。

オウムの仲間を思う健気《けなげ》な姿に感心した森の神様が、大雨を降らせて火を消し止めてくれたのです――。


この寓話は、あきらめないことや継続することの重要性を示唆しているものと思われますが、それよりもここでのコア・メッセージは先程と同様「自燈明」だと私は思っています。お釈迦様が齢《よわい》八〇を超えて死の床に伏せった時、侍者の阿難（アーナンダ）はこういって嘆きました。

「お師匠様がいなくなったら、私たち弟子は今後どのように生きていったらいいのでしょうか」

するとお釈迦様は諭すように阿難にいいました。

「阿難よ、嘆いてはいけない。この世のすべての事象は移ろうのだ。今後は自らを燈明とし、そして私の説いた法を燈明として精進しなさい」

さて、ここで前の田吾作と、今のオウムの生き方を比較してみましょう。すでに見てきたように、田吾作は自燈明ではなくて、いわば他燈明（神頼み）が専門でした。そこを見透かされて田吾作は大黒様からこっぴどく叱られたわけですが、これに対してオウムは最初から神様を当てにしませんでした。

オウムが森の神様の存在を知っていたかどうかはわかりませんが、とにかくオウムは神様をあてにすることなく、自力で火を消そうとしました。

考えてみれば燃え盛る炎を、オウムごときがいくら頑張ったところで鎮火するわけもないのですが、しかしそんなことには関係なく一心不乱になってオウムは火消しを続けました。

そこに森の神様は心を打たれて応援する気になったのです。いや、オウムの仲間を思う気持ちに加えて、「無駄でもなんでもボクはやらずにはいられないんだ！」というオウムの真剣さ、一途さに、神様はどうしてもオウムに手を差し伸べずにはいられなかったのでしょう。

人生も然りです。不運に見舞われた時は最初から他人や神秘的な力に頼るのではなく、まずは自分で動くことが肝心です。もちろんメンターや親しい友人に相談することは構いませんが、基本的にはすべて自力で解決する気概が必要です。

オウムのやり方といっしょです。

いずれにしても、そうした自己の燈明を頼りとするところに、神様の加護（宇宙の霊妙なる働き）があるのです。

三車火宅のたとえ

――ある所に、目を見張るような立派なお屋敷がありました。

お屋敷には父親とその子どもたちが住んでいました。

ある日そのお屋敷が、火事になりました。

父親は子どもたちを連れてすぐに逃げ出そうとしましたが、子どもたちは遊びに夢中で、ちっとも父親のいうことを聞こうとしません。

「まずい！　このままだと子どもたちは焼け死んでしまう……」

そこで一計を案じた父親は、こういって子どもたちを外へ誘い出します。

「外にはお前たちが欲しがっていた羊車《ようしゃ》と鹿車《ろくしゃ》、それに牛車《ごしゃ》もあるぞ。早く外に出てきて好きな車に乗るがよい」

すると子どもたちは遊びをやめて、火宅から出てきました。

出てきたところで父親は、子どもたちに三車ではなくて、三車よりもさらに素晴らしい「大百牛車《だいびゃくごしゃ》」を与えたのでした――。

この寓話は法華経に出てくる七つのたとえ話「法華七喩《ほっけしちゆ》」のうちの最初のお話です。

ここに登場する父親は仏様、子どもたちは私たち衆生、そして火に焼ける屋敷＝火宅は、私たちの棲む娑婆世界を指します。

老、病、死をはじめ、娑婆世界にはたくさんの苦悩が渦巻いています。そのため、娑婆世界を忍土、穢土《えど》とも呼ぶこともあります。そんな苦しみの世界から衆生を救うために、仏様は私たちに常に慈悲の手を差し延べてくれているのですが、無明（無知）ゆえに私たちはそれにまったく気づきません。

よしんば気づいてもそこに価値が感じられないせいか、見向きもしません。そこで仏様は考えます。

「煩悩の火に焼かれている衆生を救うためには方便もやむをえない」

こうして最初から衆生のためになるものを与えるのではなく、まずは衆生が好む低俗なものを示して（方便）、衆生がその気になったところで究極の真理を与えるのです。今の寓話でいえば大百牛車がそれに当たります。

ちなみに牛車《ごしゃ》とは、法華経比喩品《ひゆぼん》の三車《さんしゃ》のひとつで、菩薩乗《ぼさつじょう》を意味しますが、大《だい》百牛車《びゃくごしゃ》はさらにその菩薩乗を超えた究極の教え（成仏への道）であるとされています。

小学生の子どもにいきなり高等数学を教えても理解できないばかりか、まったく興味を持たないでしょう。そこでまず簡単な算数から入っていき、子どもが理解して算数に興味を持ったところで高等数学へと導くのが、理に適った教え方といえましょう。

仏様もこれと同じやり方で、私たちを真理の世界へと導いてくれるのです。

衣裏繋珠《えりけいじゅ》のたとえ

――ひとりの貧乏な男がいました。

男は一年中放浪生活をし、乞食のような生活を送っていました。

ある日道でバッタリ昔の友人に出会いました。

友人は懐《なつ》かしがり、男を家に招待してくれました。

その夜、男は大変なもてなしを受け、久しぶりのご馳走と美酒に酔いしれ、そのまま寝込んでしまいました。

ところが、この時友人は急用ができて、すぐに旅立たなければならなくなったのです。

友人はその旨を男に告げようと思いましたが、男があまりに気持ちよさそうに眠っていたため、やむなくそのまま出かけていきました。

その際に友人は、男が生活に窮していることを気の毒に思い、男の着物の裏に大変高価な宝石を縫いつけていきました。

やがて朝になると、男は友人が旅に出たことを知り、そこを立ち去ります。

それから何年か経って、男は偶然にもまたその友人と道でバッタリ出会いました。

その時友人は、男が前と同じみすぼらしい姿をしているのを見て驚き、

「キミは私が着物の裏に縫いつけておいた宝石をどうして使わなかったんだ」

といって、男の着物をめくって宝石を見せました。

「……!?　……!?」


この話は、私たちが本来持っている潜在能力に早く目覚めなさい、ということを教えています。仏教では「一切《いっさい》衆生《しゅじょう》悉有《しつう》仏性《ぶっしょう》」つまり、すべての人間（生物全般）には仏性（仏になれる性質）があるといっています。仏性と潜在能力はここでは同義と考えて差し支えありません。

今の寓話でいえば、友人から与えられた宝石がそれ（仏性＝潜在能力）に当たります。にもかかわらず、男は宝石を換金して生活に反映させることができませんでした。

宝石の存在に気づかなかったからです。宝石に気づきさえすれば、男のその後は大分違っていたと思いますが、気づかなかったゆえに男はせっかくの宝をみすみす持ち腐れにしてしまったのです。

実は私たちもこの男と同じことをやっています。世の中には新しいことや難問に遭遇すると、すぐに「できない、無理だ、自分にはそんな能力はない」といって拒絶する人がいますが、この手の人たちはその典型といっていいでしょう。

実際無理かどうかは、やってみなければわからないのです。というよりも一部の特殊能力を除いて、この世で人間のやっていることなら努力次第で八割方実現可能だと私は思っています。

ところで、男が宝石に気づかなかったのはなぜでしょうか。それは今もいったように「そんなことがあるはずがない」、あるいは「奇跡なんか起こるはずがない」という思い込みです。いわば世間の常識です。常識の呪縛です。私たちも同様です。

世間の常識＝思い込みによって、どんな簡単なことでも未経験のことは「自分にはそんな才能はない。できるはずがない」とつい思い込んでしまうのです。

その結果せっかくのチャンスをみすみす逃してしまうのです。

そうした愚を防ぐためには「一切《いっさい》衆生《しゅじょう》悉《しつ》有《う》仏性《ぶっしょう》」なのですから、まずは自分の才能に気づくことが肝心です。そのためにはどんなことでも思い立ったら、すぐにやってみることが肝心です。

良医病子《ろういびょうし》のたとえ

——ある所に、腕の立つ医者がいました。

医者にはたくさんの子どもがいました。

医者である父親が留守の時のことです。

子どもたちは誤って毒を飲んでしまいました。

医者は帰宅して子どもたちが苦しんでいるのを見て驚き、さっそく解毒薬を調合して子どもたちに与えました。

ところが、半分の子どもは素直に飲みましたが、あとの半分は「それも毒ではないか」と疑って薬を飲もうとしませんでした。

一計を案じた医者は服薬しなかった子どもたちに向かって、

「ここに解毒薬をおいておく。無理に飲まなくてもよいが、もしそれ以上苦しくなったらすぐに飲みなさい。私は急用で今から遠い国へ旅立つ……」

そういってどこかへ旅立ってしまいました。

やがて子どもたちは使者によって、父親が遠い国で死んだことを知らされます。それを聞いて初めて子どもたちは父親の偉大さに気づいたのです。

「お父さんのいうことを聞いて薬を飲んでおけばよかった。そうすればお父さんはきっと旅に行くこともなかったし、死ぬこともなかった……」

この時点で服薬していなかった半分の子どもたちもようやく薬を飲む気になり、それによって病はたちまち癒えたのでした——。

ここでの良医は仏様、子どもたちは私たち衆生を指します。毒薬は法華経以前に説かれた低い教えとされていますが、ここは毒薬＝煩悩だと考えて下さい。

さて、半分の子どもたちは薬を飲んだものの、なぜあとの半分は薬を飲まなかったのでしょうか。

ここは、ひとつは現代人の疑り深さを象徴しているものと思われます。現代人は上辺だけを取り繕《つくろ》ったもの、きれいに装ったものにはすぐに飛びつきますが、真に役立つもの、優れたものほどなぜか敬遠する傾向があります。頑固ゆえに物事の本質を見抜くことができないのでしょう。

ここでの子どもたちの飲毒は貪《むさぼ》り（貪欲）であり、良薬（解毒剤）は警告とともに仏様の慈悲（救いの御手）です。

良医はすぐに解毒剤を飲むよう勧めますが、半分の子どもたちは疑り深くて聞く耳を持ちません。そこで一計を案じた良医は、薬だけをおいて姿を消します。そして使者に自分は死んだと告げさせます。

この時点ではじめて子どもたちは父親の偉大さに気づき、ようやく解毒剤を飲む気になったのでした。

実際は、良医の死は方便だったわけですが、ここまでしないと凡夫は煩悩に翻弄《ほんろう》されているゆえになかなか真実に気づかないのです。

「三車火宅のたとえ」でもありましたが、このように仏様は時には方便を使ってでも衆生を涅槃《ねはん》へと導くのです。

寒苦鳥《かんくちょう》の嘆き

——インドの雪山《せっせん》に、二羽の鳥が棲んでいました。

二羽は夫婦です。

雪山は寒暖の差が激しく、昼は二〇度くらいまで上がりますが、夜になると逆に零下二〇度まで下がってしまいます。

昼間はポカポカ陽気なので二羽はつい遊び呆けてしまいます。

でも、夜は急激に冷え込むため、二羽は極寒に苦しむことになります。

零下二〇度といえば真冬の北海道並みの寒さです。雌鳥が嘆きます。

「寒い！　寒くて死んじゃうわ。なんとかして～」

それに応えて雄鳥がいいます。

「よし、明日になったら、ちゃんとした暖かい巣をつくろう」

次の日、お日様が出ると、再び雪山は春のポカポカ陽気になります。

すると二羽は夜の寒さを忘れて、また遊び呆けてしまいます。

やがて陽が沈むと案の定、あの地獄のような寒さが二羽を襲います。

雌が叫びます。

「寒いわ〜！　どうして暖かい巣をつくってくれなかったの！」

雄が申し訳なさそうにいいます。

「すまない。明日こそちゃんと巣をつくるから」

さらに雌鳥がいいます。

「きっとよ。私も手伝うから、明日こそ本当に巣をつくりましょうね」

ところが次に日になってポカポカ陽気になると、また二羽は巣作りを忘れて遊び呆けてしまうのでした。

そしてまた極寒の夜がやってきました――。

この雪山の寒苦鳥は私たち衆生を指しています。

人間は基本的に理性的な生き物です。したがって一度失敗したり、痛い目に遭ったりすると二度と同じ轍《てつ》は踏まないような気がするのですが、実際はそうではないようです。個人の性格にもよりますが、何度でも同じ轍を踏む、つまり同じ失敗を何度も繰り返す人が結構います。

たとえば飲酒です。お酒の飲み過ぎで二日酔いになったりすると「もう酒はたくさんだ。明日から酒はやめよう」などと思ったりしますが、ところが次の日になるとまたお酒が恋しくなって、ついお酒を飲んでしまいます。そしてまた二日酔いで苦しみます。

二日酔いくらいならまだよいのですが、中には危険な飲酒運転を繰り返す人もいます。一度飲酒運転で捕まって免許証を取り上げられると、普通は反省して二度としないものなのですが、ところが「のど元過ぎれば熱さを忘れる」で、しばらくすると罪悪感が薄れるせいか再び飲酒運転を繰り返し、その結果人身事故を起こして刑務所行きにならないとも限らないのです。

まさに今の寒苦鳥そのものです。

さて、この寒苦鳥の物語のコア・メッセージはなんといっても「何ごとも順境の時に逆境を想定して準備せよ」ということなのではないでしょうか。

私たち人間は愚かで、順調な時にはそれが永遠に続くものと錯覚して準備を怠る傾向があります。

これまで見てきたように、この世は諸行無常ですから、どんなにいい時代も永遠に続くことは決してありません。

幸運をひとりじめにした男

――そのむかし、ある町に俊機《しゅんき》という信仰深い男がいました。

俊機には妻の小春と三人の子どもがいました。

ある日、町に地震が起こりました。

「早く逃げなくちゃ」

そういって家族は家から飛び出そうとしましたが、俊機はそれを止めてこういいました。

「大丈夫だからそこでじっとしていなさい」

地震が収まると、妻の小春は驚きました。

周囲のほとんどの家は倒壊していましたが、なぜかわが家だけはまったく無事だったからです。

その半年後、今度は町に火災が起こりました。

「お父さん、火事よ！　早く逃げましょう！」

今度もまた俊機は落ち着き払っていいました。

「大丈夫だから安心しなさい」

火事が収まると、小春は再び驚かされます。

町はほぼ丸焼けでしたが、なぜかわが家だけは火の手から免れていたからです。


そのまた半年後、今度は不運にも三人の子どもが疫病にかかってしまいました。

医者は「助からない。早くどこかへ隔離したほうがいい……」といいましたが、この時も俊機は平気でした。

そばで泣き叫ぶ小春を尻目に、俊機《しゅんき》はなにやら呪文のようなものを唱え始めました。するとと子どもたちはその三日後に癒えて、再び元気を取り戻したのでした。

「お父さん、凄い！　どうしてうちだけいつも守られるの！？」

不思議がる小春に、俊機は勝ち誇ったようにいいました。

「信仰さ。信仰のお陰さ。仏様が救ってくれたのさ」――。

この話は「法華経の如来寿量品《にょらいじゅりょうぼん》十六」の中に出てくる一節を、少し極端ですが私なりに咀嚼して物語風に仕立てたものです。

見てきましたように、俊機《しゅんき》は本当に運のいい男です。地震、火事、疫病を難なく克服しています。克服というよりも、何らかの神秘的な力が俊機一家に加わったといったほうが適切かも知れません。

まさにその通りなのです。俊機は自分でもいっていたように信仰心のとても厚い男でした。そのため仏様が事ある毎《ごと》に俊機一家を護ってくれたのです。

実際、法華経如来寿量品には次のような一節があります。

「衆生見劫盡《しゅじょうけんこうじん》　大火所焼時《たいかしょしょうじ》　我此土安穏《がしどあんのん》　天人常充満《てんにんじょうじゅうまん》　園林諸堂閣《おんりんしょどうかく》　種種宝《しゅじゅほう》
荘厳《しょうごん》　宝樹多花果《ほうじゅたけか》　衆生所遊樂《しゅじょうしょゆらく》……」

これを口語体に直すと、概ね以下のようになります。

「世界が破壊され、周りが大火に焼かれようとも、私（仏）の棲むこの世界は常に安全で天人で満ちあふれている。また絢爛《けんらん》豪華な建物が林立し、たくさんの宝物に囲まれて人々が楽しそうに暮らしている……」

さらにこれをひとまとめにすると、こうなります。

「法華経の行者は仏の加護によってあらゆる災難から護られる」

法華経は正式には「妙法蓮華教」といい、象徴は「蓮華《れんげ》」です。

ご承知のように蓮華は泥水の中で生成され、花は泥水から出て咲きます。泥水イコール私たちの棲む娑婆世界を指します。

つまり汚い泥の中でもまれてこそ美しい花が咲くように、娑婆世界を真剣に生きてこそ、人は人生の勝利者となれるのです。

法華経を基盤とする新興宗教で「唱えるだけで奇跡が起こる」といっている団体がありますが、それは詭弁です。何度もいうように、祈り＋行動を起こしてこそ奇跡は起こるのです。

結局のところ、法華経の行者とは信念と努力の人のことをいうのです。

「自分は絶対に救われる！」「自分は絶対に成功する！」「夢は必ず実現する！」

このような強い信念のもとに行動を起こすと、そこに不可思議霊妙なる働きが生じて、大火所焼時《たいかしょしょうじ》　我此土安穏《がしどあんのん》　天人常充満《てんにんじょうじゅうまん》　園林諸堂閣《おんりんしょどうかく》……、の世界が展開されるのです。

結局のところ、俊機はそういう信念と努力の人だったのです。

〈参考文献〉
『ブッダの真理のことば　感興のことば』（中村元訳・岩波文庫）
『お経から人生を学ぼう』（ひろ　さちや著・NHK出版）

本書は2013年10月に出版した新書判を改題改訂したものです。

ブッダが教えてくれる
「幸せ」の法則

著　者　伊　達　一　啓
発行者　真　船　美　保　子
発行所　ＫＫロングセラーズ
〒169-0075　東京都新宿区高田馬場2-1-2
電　話　03-3204-5161(代)
http://www.kklong.co.jp

印刷・製本　大日本印刷(株)

ISBN978-4-8454-5133-3

Printed In Japan 2021